**作者简介：**

**徐公持**，1940年7月生，江苏省江阴人。中国社会科学院文学研究所研究员，中国社会科学院研究生院博士生导师，曾任《文学遗产》主编二十年。主治先秦至隋文学。主要著作有《中国古典作家》、《中国古典传记》（合著）、《魏晋文学史》等，又于《中国社会科学》《文学评论》《文艺研究》《国学研究》等刊物上发表论文多篇。

阮籍与嵇康

徐公持 著

江苏凤凰文艺出版社

# 目录

引言
阮籍与嵇康 　　　　　　　　　　　001

第一章
家世出身和早年志尚 　　　　　　　003

第二章
正始风云下的巨大转变 　　　　　　009

第三章
"高平陵之变"后的处境和表现 　　 019

第四章
与"礼法之士"的关系 　　　　　　033

第五章
两位玄学家 　　　　　　　　　　　047

第六章
隐逸与神仙 　　　　　　　　　　　059

第七章
药与酒 　　　　　　　　　　　　　075

第八章
嵇康的"绝交书" 　　　　　　　　085

第九章
阮籍的"劝进文" 097

第十章
不同的结局 107

第十一章
阮籍的文学成就 119

第十二章
嵇康的文学成就 133

第十三章
两晋人士的嵇康情结 147

第十四章
两晋人士的阮籍关注 177

第十五章
阮籍、嵇康的影响 247

附　录
嵇康《与山巨源绝交书》非绝交之书论 253

后　记 279

# 引　言
# 阮籍与嵇康

这里要谈的是三国后期两位优秀的文学家——阮籍与嵇康。他们都出身于普通官吏家庭，自幼怀有宏伟的志愿和不凡的抱负。他们知识广博、思想深邃、才华出众，然而却都有着奇特的生活方式，以及与众不同甚至有些怪诞的性格作风。他们被时人称作"痴"，又被一些人疾之若仇，有一个竟被杀了头，成为中国历史上文学家被屠戮的少数例证之一。

发生这一切的根本原因，就在于他们所生活的时代。当他们分别跨入青、壮年的时候，正碰上"司马昭之心，路人皆知"的特定岁月，黑暗险恶的政治情势使他们的理想志向无从实现。他们既不甘投顺腐朽残暴势力，又无法做有效的抗争，这就使他们陷入了不能自拔的苦闷。在这种苦闷中，他们产生了种种独特，甚至是惊世骇俗的言行，并创作出具有浓烈个性色彩的诗文。

他们两人的思想性格和处世态度是有差异的,结局也并不相同,但总的来说,他们都是黑暗时代的著名文臣,又是正始文学的灿烂双璧。

第一章

# 家世出身和早年志尚

阮籍，字嗣宗，陈留尉氏（今属河南）人，生于建安十五年（公元210年）。父亲阮瑀，诗人、散文家、"建安七子"之一，在曹操幕中担任司空军谋祭酒、丞相仓曹掾属多年，为曹操的亲随吏员。当时的军国书檄，多由他和陈琳二人草拟，很得曹操赏识及时人推重。阮籍两岁的时候，父亲过世，但是幼年失怙的不幸，并未使阮籍陷于困顿。因为曹氏父子及阮瑀生前友好出于长期共事的情谊，对阮瑀所遗孀孤深怀同情，并有所照应。

阮籍在少年时期，以好学不倦、不慕荣贵、道德高尚的古代贤者颜回、闵子骞为效法的榜样，刻苦攻读。他后来回顾说："昔年十四五，志尚好书诗。被褐怀珠玉[1]，颜闵相与期。"（《咏怀诗》第十五首）除了道德文章，阮籍还习武，他曾写道："少年学击刺，妙伎过曲城。英风截云霓，超世发奇声。"（《咏怀诗》第六十一

---

[1] 被褐：穿着粗麻布衣服。古代贫者多穿"褐"。珠玉：喻德行高洁。

首）但是，少年阮籍也沾染上了一些浮华公子的作风。他曾以悔咎的语气自述："平生少年时，轻薄好弦歌。西游咸阳中，赵李相经过。娱乐未终极，白日忽蹉跎。驱马复来归，反顾望三河。黄金百镒尽，资用常苦多。北临太行道，失路将如何？"（《咏怀诗》第五首）阮籍的少年时期，正值曹丕、曹叡父子相继在位，有一批宗室戚属及豪门公子颇以浮华相尚，如何晏、邓飏、李胜等都是"浮华友"（《三国志·诸夏侯曹传》裴松之注引《魏略》），在洛阳互相联结，构煽风气。阮籍与他们年龄接近，难免受了些影响，可是他始终未预其流。

比阮籍小十四岁的嵇康，字叔夜，生于魏文帝黄初五年（公元224年），谯郡铚县嵇山（今属安徽涡阳）人。其先人本姓奚，原籍会稽上虞（今属浙江），因避怨而迁徙到铚。铚地有嵇山，因而改为嵇姓。父嵇昭，担任过治书侍御史等职。不过他家世代儒业，在政治上并无深厚的根基，经济上也不富裕，只是一般庶族士大夫家庭。同阮籍一样，嵇康少时即亡父，靠母兄抚育长大。家人的宠爱，使他养成了骄纵任性的性格。他"刚肠疾恶""直性狭中"[1]、尚奇任侠，这种脾气对他一生的

---

[1] 狭中：气量不广。指不能忍辱含垢。

行事起了重大影响。嵇康在学业上是勤奋的,他博览群书,学不师授,知识宏富。除了熟知先代典籍,他在文化艺术等方面的修养也颇精深。他自少即好音乐,"以为物有盛衰,而此无变;滋味有厌,而此不倦"(《琴赋并序》),他的古琴演奏技巧在当时是首屈一指而无与并者。他还善书法,尤妙于草书,其墨迹被列为"草书妙品"(张怀瓘《书断》),后人评论说:"嵇康书,如抱琴半醉,酣歌高眠。又若众鸟时翔,群乌乍散。"(韦续《墨薮》)至于他的文章,更因文辞壮丽而受到广泛推崇,时人皆认为他是个"奇才"(臧荣绪《晋书》)。

嵇康不但为人正直、才华出众,而且相貌堂堂。他身高七尺八寸[1],容色奇伟,天质自然,不假修饰,人称"龙章凤姿",是当时公认的美男子。人们形容他是"肃肃如松下风,高而徐引"(《世说新语·容止》)。朋友山涛更说:"嵇叔夜之为人也,岩岩若孤松之独立,其醉也,傀俄若玉山之将崩。"凭着这些内秀外美的特质,他在士大夫中颇收声誉。虽然出身不高,却在约二十岁时,被沛穆王曹林(曹操之子)看中,把女儿长

---

[1] 晋尺短于今尺,晋尺七尺八寸相当于今一点九米左右。——编者注

乐亭主下嫁给他[1]，嵇康从此成了曹魏宗室的姻亲。就这样，青年嵇康凭借着极盛的声誉与宗室姻亲的身份，顺利地踏上了仕途，被朝廷征为郎中，拜中散大夫。

总之，阮籍与嵇康都同曹魏王室有着密切的关系，他们在曹魏政权相对稳定的时期度过少年和青年时代，这就决定了他们早年都有一种建功立业、报效王室的济世志尚。特别是阮籍，由于他年龄稍长，身历建安后期及文、明两代——曹魏政权的发展和巩固时期，呼吸着奋发进取的时代空气，想要实现政治抱负的决心也就更加强烈。他曾登上广武城头，面对着历史上楚汉相争的古战场，慨叹说："时无英雄，使竖子成名！"把刘邦、项羽以及当时众多谋臣猛将，都说成是侥幸得名的"竖子"，从这目空古人的口气里，可以窥见其襟怀的恢宏阔大，他的"英雄"之志实在非同小可。

---

[1] 一说"嵇康妻，林子之女也"(《三国志·武文世王公传》裴注引《嵇氏谱》)，但以年龄推算，嵇康不大可能是曹林的孙女婿。

第二章

# 正始风云下的巨大转变

"正始"是曹魏少帝曹芳的年号（公元240—249年）。就从"正始"开始，曹魏政权由相对稳定时期进入了变故迭生的阶段，一场延续多年的权力之争紧张激烈地展开了，而它的结局就是以"高平陵之变"为转折点的曹魏政权的衰败和灭亡。

曹魏国运的衰败，直接种因于魏明帝曹叡。曹叡在临死之前决定由大将军曹爽、太尉司马懿二人夹辅八岁的少帝曹芳。这一措施，实际上成了对曹魏政权的致命一击，祸乱就从这里萌生。

曹爽是已故大将军曹真的儿子，属于曹氏帝室的远支族人。曹真很得曹丕的倚重，曹爽也受到曹叡的擢拔。但是曹爽只是一个托庇祖荫的浮华公子，无论文才武略，都没有真实本事。他登上宰辅之位后，骄奢淫逸、结党营私，朝政日非。同时，他与司马懿之间又展开了明争暗斗。司马懿是曹魏后期唯一称得上谋略家的人，他在曹操时期就已活跃在政坛上。作为一个三朝元老，他的资望比曹爽深得多。而且司马懿长期统军作战，在对蜀战争中阻击诸葛亮有功，在平定辽东公孙渊的战争中也大获全胜，更使他在朝廷里占有举足轻重的地位。虽说司马懿在谋略上可与蜀国的诸葛亮相抗衡，但论品德人格，则不可同日而语，他是一个阴谋野心家。

兵法上有句话，叫"静若处子，动若脱兔"，司马懿深谙此道。他对曹爽采取退让策略，装了将近十年糊涂，使之松懈麻痹，而当时机到来时，就以迅雷不及掩耳之势，向对方猛扑过去。正始十年（公元249年）正月，得意忘形的曹爽跟着魏帝曹芳，出洛阳城去祭扫高平陵（明帝陵墓）。司马懿乘曹爽一伙倾巢出行，城中空虚之际，立即勒兵占领各要地。在突发事变面前，曹爽慌了手脚，没有反抗就束手就擒，结果同他的主要党羽全部被夷灭。这就是"高平陵之变"，又称"典午之变"[1]。

在正始的近十年内，司马懿和曹爽之间的明争暗斗，实际上是统治阶级内部两个不同集团之间的斗争。曹爽一伙属于庶族地主阶级中因执掌了政权而变得腐朽的集团，而司马懿则代表着东汉以来势力极大，但在曹魏初期受到曹操一定程度压制的士族地主阶级，两个集

---

[1]"典"寓"司"字，"午"寓"马"字，"典午"即"司马"。

团从本质上说都没有什么进步性可言。在这十年里充当着主角，而在前台做淋漓尽致表演的曹爽集团，尽管他们的核心人物多是皇亲（如曹爽兄弟）国戚（如何晏），但他们经营私利，严重破坏了曹魏政权的根基。在这个集团的把持下，朝廷里充斥着一股庸碌势利的风气，使一些有志者对时政感到灰心丧气。至于表面上不露声色，躲在幕后紧张策划窥视着的司马氏集团，在当时尚处于韬晦状态，其真正的凶残面目尚未完全暴露，但他们一直虎视眈眈地伺机而动。这种外松内紧、引而不发的气氛，又使一些有识者视政坛为畏途。

阮籍和嵇康正是这样的有志者、有识者。他们忠于曹魏皇室，而对曹爽、司马懿两个集团都不感兴趣。他们逐渐认识到朝政过于腐败混乱，时局不可为，早年的功名心不禁大减。出于洁身自好的考虑，他们不甘同流合污，不肯投靠任何一个集团，对两个集团的明争暗斗采取冷眼旁观的超然态度，于是颓放隐遁之意在他们心中逐渐产生。阮籍有一首诗自述这种转变：

王业须良辅，建功俟英雄。元凯[1]康哉美，

---

[1] 元凯，即"八元""八凯（又作'恺'）"，是古代传说中"高辛氏""高阳氏"时期的一些佐命大臣。

多士颂声隆。阴阳有舛错,日月不常融。天时有否泰,人事多盈冲。园绮[1]遁南岳,伯阳[2]隐西戎。保身念道真,宠耀焉足崇。人谁不善始,鲜能剋厥终。休哉上世士,万载垂清风。(《咏怀诗》第七十一首)

诗中表明,他原本对"王业"抱有巨大的热情,满怀着建立功名的期待。他设想过自己在济济多士的朝廷里能成为"八元""八凯"式的"英雄"。但是,曹魏王朝经过文、明两世的平稳时期,至正始而形势骤变,朝政日非。在阮籍的感受中,这无异于天时由泰变否,人事由盈变冲。那早年树立的博取功名之心,也随之销蚀几尽,于是英雄之志被隐遁之心所替代。他由向往"元""凯"之辈,变为欣羡"园""绮""伯阳"之流。诗人在此表示,他将崇奉庄子的保身全真哲学,要以上世的隐士为榜样,决心摒弃"宠耀"之事。

据载,正始时期,太尉蒋济听说阮籍有才具,就询问掾属王默,王默予以确认,蒋济就辟召他来做属官。

---

[1] 园绮:东园公和绮里季,为"商山四皓"中的二人,是秦末汉初著名隐士。

[2] 伯阳:先秦道家学派的代表人物老子李耳的字。

阮籍得到辟命后，写了一张"奏记"，亲自送到洛阳城路口的都亭，请吏卒转呈给蒋济。他在奏记中说自己"负薪疲病，足力不强，补吏之召，非所克堪"等，表示推辞。蒋济起先唯恐阮籍不来应命，得知他已到都亭，以为他奏记中所说只是口头上出于礼貌的谦让话，就很高兴地派人去迎接，谁知阮籍早已走开了。蒋济下不来台，迁怒于王默，王默害怕了，写信劝阮籍前去应命。乡亲们也都来劝说，于是阮籍勉强就任了，但没干多久，又称病辞归。在当时两个集团的斗争中，蒋济基本上持中间立场，阮籍连蒋济之辟都不愿应，可见他对出仕一事确实是冷淡了。到了正始九年（公元248年）初，曹爽本人也对阮籍感兴趣起来，曾辟召他去做参军，阮籍当然不肯去当这位大将军的助手，他又写了一篇"奏记"，说"旧素抚瘵，守病委劣，谒拜之命，未敢堪任"等，称疾推辞掉了。曹爽似乎不像蒋济那样热心，对这个不识抬举的人没有再追究。

至于嵇康，也有过这种转变。他在《与山巨源绝交书》中回顾青年时代的生活："荣进之心日颓，任逸之情转笃。"表明自己原来是有"荣进之心"的，后来才对"任逸"的兴趣浓厚起来。他在正始年间虽然膺着个中散大夫的官衔，但这本来就是个"散"官，其任务只是参与"论议",既可"论议",也可不"论议"。而嵇康对此显然不太尽职,他是连京城洛阳都不常住的。他把家从铚县搬到了山阳(今河南修武),平时基本上就在山阳住着。

在政治热情渐次冷却的同时,阮籍和嵇康在日常生活上又增添了不少奇特的表现。如阮籍有时闭户读书,整月不出门一步;有时去登山临水,又终日忘归。他还独自驾着牛车,让牛随便往哪里拉,直拉到荒野无路径之处,才大哭着回来。他又开始嗜酒,醉了不拘何处,倒身就睡。邻居开了一间酒肆,店中女主人年少貌美,阮籍有时喝醉了,就神色自若地在她旁边躺下,她丈夫看他并无坏心,也不以为意。有一当兵人家的女孩子,颇有才色,未嫁而卒,阮籍跟她毫无关系,也不认识她的父兄,就径自到她灵前去哭丧,尽哀而还。诸如此类的行为,在世俗人眼中,未免过于怪僻,有人还认为阮籍是"痴"人。

嵇康在这方面的表现,程度上要比阮籍好些,但有些事情也叫人觉得够怪的。他本是一位相貌堂堂的天生美男子,却毫不注意修饰,还故意把自己弄成一副落拓模样。他曾自述,"头面常一月、十五日不洗,不大闷痒,不能沐也"。身上长了很多虱子,痒了就不拘场合,乱摸乱搔。他还有一个奇怪的爱好,就是打铁。他家门外有棵大柳树,又有条小河,他常在树下、河边架起炉子、铁砧,以锻铁为乐。他帮邻里修理铁器,分文不收。阮籍、嵇康的这些表现,实质上就是以土木形骸的方式,来表现自己超脱俗情、藐视功名的心志。

阮籍、嵇康这种从"荣进之心"向"任逸之情"的转变,在当时有一定代表性。以嵇、阮为中心,还曾经形成过一个团体,即"竹林七贤",包括嵇康、阮籍、山涛、向秀、阮咸、刘伶、王戎。七人的思想观点不尽相同,后来所走的道路更有很大差异,但他们当时都没有参与政坛上的争斗,被认为是清高之士。他们经常到嵇康山阳居宅附近的一个大竹林里聚会交谈,逍遥酣畅。"七贤"之外,还有一些人与嵇、阮也很契合,如吕安,东平人,无心仕进,作风旷放不羁,年纪比嵇康小不少,嵇康与他是忘年之交。他们每当念及对方,常星夜命驾,赶去探望聚会。

总之,在风云变幻的正始年间,阮籍从三十岁长到三十九岁,嵇康从十六岁长到二十五岁,他们度过了各自的中、青年时代,人生观和功名观都发生了巨大的转变。在他们的一生中,这是一个很关键的转变。

第三章

「高平陵之变」后的处境和表现

"高平陵之变"后，司马氏集团并不满足于仅仅消灭曹爽集团，他们把朝廷实权掌握过来，又进一步将打击的方向对准曹魏政权本身。从司马懿到他的两个儿子司马师、司马昭，他们相继操纵大权，一步一步地实行着篡位阴谋。如果说，老谋深算的司马懿还有所节制，只杀了曹爽一伙，表面上仍表示忠于魏帝曹芳的话，那么司马师就已经敢擅行废立，把曹芳废掉。而司马昭则更进一步，竟把司马师立起来的另一个魏帝曹髦杀掉了，以至于留下一句著名的成语："司马昭之心，路人皆知。"在司马氏的不断打击下，曹魏政权愈益削弱，岌岌可危。

司马氏集团不仅篡夺目的"路人皆知"，其实从"高平陵之变"以后，他们就逐渐暴露出凶狠残暴又阴险狡诈的真实面目。司马氏杀戮异己，可谓心狠手辣，仅仅在"高平陵之变"中就杀了数千人。这种暴虐的行为，招致皇室以及倾向皇室的势力的抵抗，从朝廷内部到缘边州郡，不断有人起来讨伐和反对司马氏。然而，在军政大权被司马氏集团牢牢掌控的情况下，这些抵抗都陆续被残酷地镇压下去了，这就为最后的晋代魏祚做好了准备。咸熙二年（公元265年）司马昭去世，其子司马炎随即灭魏，晋朝正式建立，这场斗争才告结束。

这场旷日持久、激烈残酷的斗争，对于阮籍、嵇康来说，意味着什么呢？

首先，他们的社会处境变得更加险恶。司马氏集团内的阴谋家多心胸狭隘，出于其篡夺的野心，他们对一切带有皇室背景的人物，都予以密切的注意和防范。对于阮籍、嵇康这样声望甚隆，在士大夫中影响颇大的"名流"，更是怵惕戒惧。在这种情形下，阮籍、嵇康要继续保持正始时期的超然态度都有些困难了。但是，阮籍、嵇康对司马氏集团的态度也由正始时期的不以为意，逐渐变为愈益强烈的反感。其原因在于，以旧时代的传统观念来衡量，司马氏作为篡夺者，是乱臣贼子，阮、嵇忠于曹氏皇室，希望皇室天禄永终的意识是根深蒂固的，因此他们在政治上会很自然地对司马氏持排斥态度；而司马氏集团在"高平陵之变"以后所显露出来的凶残阴险面目，也使秉性正直的阮籍、嵇康从道义上对其产生厌恶和愤慨。这两点原因，如果说前者还带有某些封建正统观念成分的话，那么后者就是出于维护正义的道德感。

一方面司马氏集团对阮、嵇施加政治压力，另一方面阮、嵇对司马氏集团的反感有增无已，这就使得双方产生了矛盾，这种矛盾在嵇康身上尤为明显。嵇康同曹氏皇室的关系比阮籍更为密切，他的岳父沛王曹林是曹操当时尚健在的几个儿子之一。通过曹林，他同许多皇室相关的人建立了联系，例如在"高平陵之变"中被杀的名士何晏就同他有亲戚关系。据《魏略》《魏末传》载，何晏之妻金乡公主是曹操杜夫人所生，与曹林是同胞兄妹，所以何晏是曹林的妹夫，而嵇康就是何晏的内侄女婿。又如在嘉平三年（公元251年）因参与反叛而被"赐死"的曹彪，就是嵇康的叔丈。皇室中人横遭杀害，不能不激起嵇康情感上的波澜，而嵇康又有着"刚肠疾恶"的性格，"轻肆直言，遇事便发"（《与山巨源绝交书》），这也使得他对司马氏集团篡权和镇压异己等行径难以忍受，往往做出较强烈的反应。据载，当正元二年（公元255年）毌丘俭于扬州发难，起兵讨伐司马师时，嵇康曾打算起来响应。他与友人山涛商议此事，被山涛劝阻而未实行，不久毌丘俭也就失败被杀。这件事似乎当时没有被发露出来，所以司马师也没有对嵇康采取行动。但这件事表明，嵇康与司马氏在根本立场上处于对立地位。至于阮籍，由于他同曹氏皇室还没有建立超越一般的君臣关系，而且他的性格也不那么刚强，所以尽管对司马氏集团心怀反感，对曹氏皇室的失势乃至败亡颇存惋惜，但其程度与嵇康是不同的。

但是，无论他们对司马氏集团抱着如何反感的态度，司马氏集团已经掌握了政权枢要，却是无法回避的现实。因此，在司马氏擅权的十多年里，阮籍、嵇康在绝大部分场合，常常表现出谨慎而微妙的政治态度，以适应不得不生活在其中的险恶环境。

阮、嵇的谨慎是很出名的。"竹林七贤"之一的王戎后来曾回忆说，他与嵇康一道在山阳住了二十年，从未看到过嵇康有喜愠之色。王戎的说法恐怕有些夸张，嵇康是烈性之人，他不可能做到一点儿"喜愠之色"都没有。不过，要说嵇康此时也不得不对祸衅有所提防，那当是不差的。真正谨慎的是阮籍。他年轻时性格中就有落落寡合的一面。有一次阮籍随叔父到兖州（今山东省西南部），兖州刺史王昶闻其才名，请与相见，他竟然终日不发一言，王昶很感慨，认为没法儿摸清他的深浅。待到"高平陵之变"以后，阮籍便愈发谨慎了。《晋书》本传载他"发言玄远,口不臧否[1]人物",这种说话绕圈子、不涉是非的本领,是谁也比不上的。连嵇康都很佩服,曾说"阮嗣宗口不论人过,吾每师之,而未能及"(《与山巨源绝交书》)。在司马氏的高压统治下生活,阮籍、嵇康的谨慎,是全身远害的不得已的手段,是给自己涂上的一层保护色。

不过,"口不论人过"也好,不见其"喜愠之色"也好,都不等于泯灭是非、无所好恶。就阮籍、嵇康的内心来讲,是非好恶还是清楚的。不仅清楚,而且还以一定的方式有所表示。当然,这种表示也是比较微妙隐晦的,符合谨慎的原则。他们以曲折、含蓄的手法,在自己的诗文中对时政发表见解。

如阮籍的以下三首诗:

徘徊蓬池上,还顾望大梁。绿水扬洪波,旷野莽茫茫。走兽交横驰,飞鸟相随翔。是时鹑火中,日月正相望。朔风厉严寒,阴气下微霜。羁旅无俦匹,俯仰怀哀伤。小人计其功,君子道其常。岂惜终憔悴?咏言著斯章。(《咏怀诗》第十六首)

---

[1] 臧否:褒贬。

昔余游大梁，登于黄华颠。共工宅玄冥，高台造青天。幽荒邈悠悠，凄怆怀所怜。所怜者谁子？明察应自然。应龙沉冀州，妖女不得眠。肆侈陵世俗，岂云永厌年？（《咏怀诗》第二十九首）

驾言发魏都，南向望吹台。箫管有遗音，梁王安在哉？战士食糟糠，贤者处蒿莱。歌舞曲未终，秦兵已复来。夹林非吾有，朱宫生尘埃。军败华阳下，身竟为土灰。（《咏怀诗》第三十一首）

三首诗里都写了战国时期的魏都大梁（今河南开封）。在阮籍的时代，政治重心是洛阳，其次是邺（今河北临漳西），梁（时为开封县）并不是一个重要城市，只是一个破败不堪的古城而已。阮籍反复写及这个城市，而且每一首都极写其"幽荒"景象，其幽情微意正如清代何焯所说："大梁，战国时魏地，借以指王室。"（《义门读书记》）至于三首诗的具体含义，尽管它们看上去极艰深晦涩，但大体上都可以确定与时政有关。第二十九首和第三十一首都是借古喻今之作，诗人感叹魏明帝曹叡喜歌舞、好奢侈，造成国家匮乏、人民困顿；又悯念明帝虽有人君之气概，但不求贤讲武、不辨忠奸，使

"战士食糟糠，贤者处蒿莱"，以致皇祚未亡于敌国，却亡于权奸。总之，诗人怀着哀怜的感情批评了魏明帝。而在第十六首中，诗人写到"走兽交横驰，飞鸟相随翔"，烘托出一派凶逆横行的荒乱气氛，这正是司马氏恶人当道、屠戮异己的现实情况的曲折写照。

诗中又写"是时鹑火中，日月正相望"，更是隐指嘉平六年（公元254年）九月，司马师废魏帝曹芳、立曹髦之事。所谓"鹑火中"，指夏历九、十月间；"日月相望"，是指日期在月中，司马师定废立之谋正在九月中。[1]

再看阮籍的另一首诗：

壮士何慷慨，志欲威八荒。驱车远行役，受命念自忘。良弓挟乌号[2]，明甲有精光。临难不顾生，身死魂飞扬。岂为全躯士？效命争战场。忠为百世荣，义使令名彰。垂声谢后世，气节故有常。（《咏怀诗》第三十九首）

---

[1] 据《三国志·三少帝纪》记："秋九月，大将军司马景王将谋废帝，以闻皇太后……"

[2] 乌号：传说中黄帝所用弓名。

诗中写了一位"壮士",不知其何许人也。但从描写中可以知道,他原来受命任职在远方("驱车远行役,受命忘自忘"),后来壮烈战死了。作者赞扬了他"忠""义"双全的品质,指出他的气节将获得后人的敬重,英名一定流芳百世。在魏末的特殊背景下,这位忠臣义士只能是属于皇室势力,而且很容易使人联想起毌丘俭、王凌、文钦、诸葛诞等在东方边郡先后起兵反抗司马氏,最后失败,或被杀或自尽的将军们。所以清代陈祚明说:"此岂咏公孙[1]、毌丘之流邪?"(《采菽堂古诗选》)

至于嵇康,他在《答二郭(其一)》一诗中写道:"豫子匿梁侧,聂政变其形。顾此怀怛惕,虑在苟自宁。"豫让、聂政都是战国时期的著名侠士,豫让曾谋刺赵襄子,聂政曾仗义杀了侠累。赵襄子是与韩、魏合谋灭智伯之人,侠累则是韩国宰相,两人都是炙手可热的权臣。嵇康自比豫、聂,其矛头所指,当然是司马氏了。嵇康还写有一篇《太师箴》,"箴"是古代的一种文体,照刘勰的解释,"箴者,针也;所以攻疾防患,喻箴石也"(《文心雕龙·铭箴》),而"太师箴"则是专门针对帝

---

[1] "公孙"似为笔误,查当时反抗司马氏的著名人物中,无姓"公孙"者,疑当作"诸葛",指诸葛诞。

王所发的一种"攻疾防患"的文章，所以《晋书·嵇康传》说"作《太师箴》，亦足以明帝王之道焉"。嵇康在文中首先称颂"先王仁爱"的事迹，接着就批判起"季世陵迟"的情况来：

> 下逮德衰，大道沉沦。智惠日用，渐私其亲。惧物乖离，攀画违仁。利巧愈竞，繁礼屡陈。刑教争施，天性丧真。季世陵迟，继体承资。凭尊恃势，不友不师。宰割天下，以奉其私。故君位益侈，臣路生心[1]。竭智谋国，不吝灰沉[2]。赏罚虽存，莫劝莫禁。若乃骄盈肆志，阻兵擅权。矜威纵虐，祸蒙丘山。刑本惩暴，今以胁贤。昔为天下，今为一身。下疾其上，君猜其臣。丧乱宏多，国乃殒颠。

这里淋漓尽致地把封建时代统治阶级内部的许多恶政劣迹揭示了出来，如"宰割天下，以奉其私""臣路生心""竭智谋国""阻兵擅权""矜威纵虐""刑本惩暴，今

---

[1] 臣路：臣下。"臣路生心"，言臣下产生了夺取国柄之心。
[2] 不吝灰沉：不惜身死。

以胁贤",等等。作者虽并未明言所指具体朝代,但对照魏末情势,颇是切近,都是司马氏集团的所作所为。

《管蔡论》更是嵇康在这方面的重要文章。此文的中心论旨就是为历来公认的历史"罪人"管叔、蔡叔翻案。管、蔡二人,本名姬鲜、姬度,是周文王姬昌之子、武王姬发之弟,姬鲜长于周公姬旦,姬度则少于周公。他们在周初"封建诸侯"时,分别被封于管、蔡二地,受命监督纣王之子武庚,治理殷遗民。管、蔡二叔在武王死后曾挟武庚发动叛乱,周公为此东征,诛武庚、管叔,放逐蔡叔。嵇康在文中说,管、蔡二人原来都是好人,他们"服教殉义,忠诚自然",因此文王才"列而显之",武王才"举而任之"。后来成王继位,周公摄政,由于他们远在东方,"不达圣权"[1]"不能自通",所以才"抗言率众,欲除国患。翼存天子,甘心毁旦"。文章认为,许多论者都说管、蔡是恶人,其实这也就等于是说,文、武、周公这三位圣人不英明,因为圣人不会把重任交给恶人。文章又认为,管、蔡的叛乱与当时情势有关,并非他们故意作恶:

---

[1] 权:权变。指成王年幼,周公暂时摄政之事。

且周公居摄，邵公[1]不悦。推此言，则管、蔡怀疑，未为不贤，而忠贤可不达权。三圣未为用恶，而周公不得不诛。若此，三圣所用信良，周公之诛得宜，管、蔡之心见理[2]。尔乃大义得通，外内兼叙，无相伐负[3]者。

此文所说，堪称惊世骇俗之论。嵇康为管、蔡翻案，其现实意义是很明显的。司马氏父子当时挟持着曹魏少帝，常以周公摄政自拟，所以这里以有关周公的一段史事为题来作"论"，显然是冒犯的做法。文章虽然还不敢明目张胆否定周公，但其锋芒已经相当明显，正如明代张采所评论："周公摄政，管、蔡流言；司马执权，淮南三叛。其事正对。叔夜盛称管、蔡，所以讥切司马也。"(《三国文》)无论从哪个角度说，嵇康的这篇《管蔡论》是有些不太谨慎了。这恐怕同他"刚肠疾恶""遇事便发"的性格有关，一时控制不住就出了格。看来，他说阮籍很谨慎，"吾每师之，而未能及"，诚然是事实，

---

[1] 邵公：即召公姬奭，周公之弟，是西周初另一贤臣。
[2] 理：得到辩白昭雪。
[3] 伐负：冲突，矛盾。

于此也显示了两人在政治态度基本一致的前提下的微妙差异。这种差异日后还将继续发展,并且愈发显著,最终导致他们走上不同的道路,得到不同的结局。

# 第四章 与「礼法之士」的关系

阮籍、嵇康同情和倾向曹魏皇室，对司马氏集团心存反感并谨慎地提出非议。同时，他们与一批"礼法之士"的关系也日趋紧张恶化。

所谓"礼法之士"，主要是指投靠司马氏父子的一些人。这些人多是文人，他们为虎作伥，仰承司马氏父子的意旨，鼓吹"唯法是修，唯礼是克"，以"礼法""名教"为工具，巩固篡夺而来的权力，同时束缚政治反对派的手脚。显然，这种"礼法"是司马氏集团用以配合其血腥屠杀政策的一种压制、打击异己的手段。

"礼法之士"以敏锐的政治嗅觉发现，阮籍和嵇康不是同道，而是异己，于是处处设下陷阱，罗织其罪。尤其是阮籍，由于他生活上不拘形迹，有许多"痴"的表现，更容易被抓到把柄，所以成了"礼法之士"攻击的首要目标。这情形正如嵇康所说："（阮籍）至性过人,与物无伤,唯饮酒过差[1]耳。至为礼法之士所绳,疾之如仇。"(《与山巨源绝交书》)当时有一个叫钟会的人,是曹丕时期的太傅钟繇之子。他少年得志,有些小名气,后来依附司马氏,很受司马师、司马昭兄弟的信任,被委为司隶校尉等要职。钟会积极充当司马氏的鹰犬,曾多次去找阮籍谈话,企图从阮籍那里套出一些话来,治他的罪。幸亏阮籍对他早有防范,每遇这种场合,就施展"发言玄远""口不臧否人物"的拿手本领,使钟会抓不到什么把柄。

然而,阮籍、嵇康也并非总是处于防御状况,他们有时也对"礼法之士"采取攻击姿态。他们常以各种方式来表示对"礼法之士"的轻蔑和鄙视,最著名的就是阮籍的"青白眼"。据载阮籍能使眼珠翻转自如,每碰到他认为的"礼俗之士",即"礼法之士",就以白眼相向。这种无言的轻蔑,常常使吃了他白眼的人恨恨不已。在他母亲亡后,嵇康的哥哥嵇喜前来吊丧。由于嵇喜是做官的,一向被阮籍他们视为"礼俗之士",于是他不管吊丧礼节,给了一个白眼,把嵇喜气得够呛。过了一会儿,嵇康拿着酒、夹着琴来了,阮籍大悦,就以

---

[1] 过差:有些过分。

青眼相待。

"青白眼"之类的，毕竟还是小动作，阮籍、嵇康对"礼法之士"的攻击，更重要的还表现在他们的著作里。先说阮籍。尽管他当着"礼法之士"的面"发言玄远""口不论人过"，但他在一些著作中却完全不是这样，而是以"礼法之士"为对象，极尽其讽刺、挖苦、批判之能事。如《达庄论》一文，是阐述玄学原理的（关于玄学，下文还要专门谈到），文章以一位"先生"反驳一名"客"的问难方式展开。作为反面角色的"客"，其身份则是"缙绅好事之徒"。他自称"吾生乎唐、虞之后，长乎文、武之裔，游乎成、康之隆，盛乎今者之世，诵乎六经之教，习乎吾儒之迹，被沙衣[1]、冠飞翮、垂曲裾、扬双鹝有日矣"，完全是"礼法之士"的腔调。但他却被"先生"驳得体无完肤，狼狈而退。

与《达庄论》相比，《大人先生传》对"礼法之士"的批判更加尖锐而深刻。文中第一段写了一位"君子"，也是"礼法之士"，他在给"大人先生"的书中自述：

天下之贵，莫贵于君子：服有常色，貌有常

---

[1] 沙衣：纱衣。沙衣与"飞翮""曲裾""双鹝"等，皆当时儒者服饰。

则，言有常度，行有常式。立则磬折[1]，拱若抱鼓[2]，动静有节，趋步商羽[3]，进退周旋，咸有规矩。心若怀冰，战战栗栗，束身修行，日慎一日，择地而行，唯恐遗失，诵周孔之遗训，叹唐虞之道德。唯法是修，唯礼是克。手执珪璧，足履绳墨。行欲为目前检[4]，言欲为无穷则。少称乡闾，长闻邦国。上欲图三公[5]，下不失九州牧[6]。故挟金玉，垂文组，享尊位，取茅土[7]，扬声名于后世，齐功德于往古。

从这里可知，这位"君子"同《达庄论》里的那位"客"是一般角色，只是这里对"君子"的描写更详细具体了。他公开标榜"唯法是修，唯礼是克"，其装模作样的程度也更甚。而"大人先生"也怀着更大的厌恶和愤怒来

---

[1] 磬折：指躯体微弯如磬的背部曲线，以示恭敬。

[2] 抱鼓：双手圆拱如抱鼓状。

[3] 趋步商羽：指行走符合节律。商、羽都是古代五音中的名称。

[4] 检：法式。

[5] 三公：三名最高级的中央政府官员，曹魏时一般指太尉、司徒、司空。

[6] "州牧"是地方最高级官员，兼管军民。"九"泛指全国各州，实际上当时不止九州。

[7] 取茅土：封侯的意思。古时天子封诸侯，以白茅包该方位之土授予，作为仪式中的一项。

批驳这位"礼法君子":

> ……今汝造音以乱声,作色以诡形;外易其貌,内隐其情,怀欲以求多,诈伪以要名;君立而虐兴,臣设而贼生,坐制礼法,束缚下民,欺愚诳拙,藏智自神。强者睽视而凌暴,弱者憔悴而事人,假廉而成贪,内险而外仁……今汝尊贤以相高,竞能以相尚,争势以相君,宠贵以相加,驱天下以趣之,此所以上下相残也。竭天地万物之至以奉声色无穷之欲,此非所以养百姓也。于是惧民之知其然,故重赏以喜之,严刑以威之;财匮而赏不供,刑尽而罚不行,乃始有亡国戮君溃败之祸。此非汝君子之为乎?汝君子之礼法,诚天下残贼、乱危、死亡之术耳;而乃目以为美行不易之道,不亦过乎!

这一段批驳,既指出了"礼法君子"们"贪""暴""虐""贼"的凶恶本性,又揭露了他们"欺""诳""伪""诡"的虚伪面目,还解剖了他们"坐制礼法,束缚下民"的险恶用心,真是痛快淋漓,鞭辟入里。特别是末后痛斥礼法是"天下残贼、乱危、死亡之术",这就把"礼法"

的危害性提到了极端严重的程度。它是天下至恶至劣之物，而那些"礼法君子"，自然也就是天下至恶至劣之人。

在阮籍的《咏怀诗》中，也有着对"礼法之士"的讥斥。如第六十七首：

洪生[1]资制度，被服正有常。尊卑设次序，事物齐纪纲。容饰整颜色，磬折执圭璋。堂上置玄酒[2]，室中盛稻粱。外厉贞素谈，户内灭芬芳。放口从衷出，复说道义方。委曲周旋仪，姿态愁我肠。

这些"洪生"，外表上装出谨守礼法制度的样子，骨子里却反对一切美好的事物。他们一会儿言论放肆，一会儿又道貌岸然地大唱高调。诗中对"洪生"在被服、容饰、姿态等方面的描写，同《达庄论》中的"客"、《大人先生传》中的"君子"几乎一样，而诗末二句"委曲周旋仪，姿态愁我肠"，却正面表现出诗人对这批伪君子的厌恶。

---

[1] 洪生：鸿儒。
[2] 玄酒：祭仪中所用的水。

对于"礼法之士"们"怀欲以求多,诈伪以要名"的种种行径,《咏怀诗》中也有所揭露,如第七十二首:

> 修途[1]驰轩车,长川载轻舟。性命岂自然?势路有所由。高名令志惑,重利使心忧。亲昵怀反侧[2],骨肉还相仇。更希毁珠玉,可用登遨游!

诗中刻画了那些追名逐利之徒的丑恶嘴脸,他们驰轩车、载轻舟,唯势利是由,以致亲者反目、骨肉相仇,人性尽失。末二句用《庄子》"绝圣弃智,大盗乃止;擿[3]玉毁珠,小盗不起"意,说希望毁弃珠玉,让世人忘掉名利,遨游于道家的理想境界。此外还有许多篇,或讽刺"作色怀骄肠"的"夸毗子"(第五十三首),或讥嘲如历史上安陵君、龙阳君那样取谄于人的"繁华子"(第十二首),或抨击"随利来相欺"的"婉娈佞邪子"(第五十六首),以及策良马、乘轻舆的"缤纷子"(第五十九首)……这种种类型的人,究其本质,基本上都是司马氏集团的帮凶、宠儿或走卒,都是"礼法之士"

---

[1] 修途:长路。
[2] 反侧:背弃。
[3] 擿,同"掷"。

或"礼俗之士"者流。

阮籍甚至在他写的赋中也不放过"礼法之士"。例如他的《猕猴赋》，以拟人手法写一猕猴，此猴"外察慧而内无度""人面而兽心""性褊浅而干进""巧言而伪真""整衣冠而伟服""耽嗜欲而眄视""举头吻而作态""沐兰汤而滋秽"，等等。这些刻画，显然令人联想到"礼法之士"的种种表现。赋末说"且须臾以永日，焉逸豫而自矜？斯伏死于堂下，长灭没乎形神"，也显示了作者对这些人面兽心者的愤恨。看来阮籍虽然平时行事谨慎，"口不论人过"，但一碰到"礼法之士"，他的愤慨和憎恶就克制不住，免不了要在脸色上，特别是笔端上流露出来。在这种场合，人们能够透过那一层保护色，看到阮籍正直的本质，他的是非感以及批判精神。

至于嵇康，"礼法之士"对他的攻击相对而言要少些，他对"礼法之士"的批判也不像阮籍那样频繁。从他的作品中，倒是可以看到对"俗人"的多次贬斥。他说自己"不喜俗人"，因为"俗人皆喜荣华"，而自己"独能离之，以此为快"(《与山巨源绝交书》)，又说"俗人不可亲，松乔[1]是可邻"，他希望"长与俗人别"(《游

---

[1] 松乔：赤松子和王乔，传说中的古代仙人。

仙诗》)。嵇康对"俗人"的蔑视,同对"礼法之士"的鄙夷基本上是一致的,因为"礼法之士"有时也被称为"礼俗之士",他们也具有"喜荣华"的"俗人"特征,不同之处只是"俗人"的范围更广一些罢了。另外,嵇康在《与山巨源绝交书》中也说明了自己同"礼法"不相容的态度,他写道:

> 吾不如嗣宗之贤,而有慢弛之阙;又不识人情,暗于机宜;无万石[1]之慎,而有好尽[2]之累。久与事接,疵衅日兴,虽欲无患,其可得乎?又人伦有礼,朝廷有法,自惟至熟,有必不堪者七,甚不可者二……

这里基本上以责己的方式来写他同"礼法"之间的对立,语气冷静,态度并不激烈,比起阮籍的《大人先生传》来,要缓和得多。不过我们不要被表面现象所迷惑,误以为他同司马氏集团的矛盾不尖锐,实际情形

---

[1] 万石:指汉代石奋及其四个儿子,他们五人皆官至二千石(郡守一级),景帝因之称石奋为"万石君"。据《汉书·石奋传》所记,石氏父子处世以谨慎闻名。

[2] 好尽:喜欢彻底。此处指言语、行事不知避忌。

完全不是这样。就从这段文字可知，在嵇康看来，"礼法"包括两个内容，那就是"人伦有礼，朝廷有法"，前者主要是伦理性的，后者则完全是政治性的。以嵇康欲助毌丘俭起兵等行事表明，他是根本反对司马氏式的"朝廷有法"的，因此嵇康与"礼法之士"的冲突次数虽少，政治色彩却很强，性质上更加严重。在这一点上，他的情况与阮籍是有差异的。阮籍尽管痛斥过"汝君子之礼法"是"残贼、乱危、死亡之术"，但他在多数场合所大加攻击的是"礼法"中"人伦有礼"的部分，他不遗余力地揭露的，主要是"礼法之士"们的"欺""狂""伪""诡"等品性，是他们的"姿态"。至于"朝廷有法"问题，他虽也有触及，但态度谨慎得多，写得既抽象又隐晦，远没有那样尖锐、泼辣而具有锋芒。再从他平时的行为举止看，他的许多颓放表现其实无非是对礼制的破坏，并不具有更深的政治寓意。他叫得最响亮的一句口号也只是"礼岂为我辈设也"（《世说新语·任诞》），并没有明显违背"朝廷有法"之迹。正缘于此，阮籍虽然同"礼法之士"们冲突不断，唇枪舌剑，被"疾之如仇"，给自己带来了不少麻烦，也造成了相当的危险，但他终究被司马氏容忍了下来。而嵇康则大不然，"礼法之士"虽然很少斥骂他，但钟会提及他时一开口就说："嵇康，卧龙也……"完全把他当作一个政治对手来看待，敌视之中包含着敬畏，他最后也终为司马氏所不容。

其实，阮籍侧重反对"礼"也好，嵇康侧重反对"法"也好，都只不过是对司马氏集团控制下的黑暗现实表示不满的一种方式。他们内心对"礼法"是否就真的那样深恶痛绝，是很难说的。因为阮籍、嵇康的某些言行，同他们经常公开表示的反对"礼法"的态度是相矛盾的。例如，史籍上明明记载着阮籍"性至孝"（《晋书·阮籍传》），嵇康《思亲诗》中也强烈抒述着对"母兄""思慈亲""思报德"之情，表现出孝顺尊长的思想。又如阮籍自己旷放任诞，却不许儿子学自己的样，其子阮浑也想放达一下，被他训斥了一顿，说："仲容（阮籍之侄阮咸字）已预[1]之，卿不得复尔！"（《世说新语·任诞》）嵇康则还专门写了一篇《家诫》，谆谆嘱咐他的儿子"非义不言，详静敬道"，张溥评论说："嵇中散任诞魏朝，独《家诫》恭谨，教子以礼。"（《汉魏六朝百三家集·颜光禄集》题辞）对于这种矛盾现象，鲁迅曾有很精辟的分析，他说：

[1] 预：加入、参与。

例如嵇阮的罪名，一向说他们毁坏礼教。但据我个人的意见，这判断是错的。魏晋时代，崇奉礼教的看来似乎很不错，而实在是毁坏礼教，不信礼教的。表面上毁坏礼教者，实则倒是承认礼教，太相信礼教。因为魏晋时所谓崇奉礼教，是用以自利，那崇奉也不过偶然崇奉，如曹操杀孔融，司马懿[1]杀嵇康，都是因为他们和不孝有关，但实在曹操、司马懿何尝是著名的孝子，不过将这个名义，加罪于反对自己的人罢了。于是老实人以为如此利用，亵渎了礼教，不平之极，无计可施，激而变成不谈礼教，不信礼教，甚至于反对礼教。——但其实不过是态度，至于他们的本心，恐怕倒是相信礼教，当作宝贝，比曹操司马懿们要迂执得多。(《魏晋风度及文章与药及酒之关系》)

---

[1] 司马懿：当是司马昭。

# 第五章

# 两位玄学家

由于自身政治态度所决定，同时也受到时代思潮的影响，阮籍和嵇康在哲学思想上形成了自己的特点，最主要的就是对玄学的爱好。

　　玄学是道家思想的一种衍变，它的特征就是崇尚虚无。玄学是在汉末儒学崩溃的背景下萌生的，正式兴起于魏明帝时期，其先驱人物是傅嘏、荀粲、裴徽等，他们鼓吹"虚胜""玄远"的理趣，大倡"校练名理"，并攻击儒学说"六籍虽存，固圣人之糠秕"。正始年间玄学大盛，是由于产生了两位玄学大家，何晏、王弼。何晏出身名门，是汉末大将军何进的孙子，颇有才气。他在正始时期地位很高，先后为散骑侍郎、侍中、尚书，主选举。王弼是建安诗人王粲的嗣孙，年龄比何晏小得多，地位也并不显赫，只任过尚书郎，但他天才卓识，十岁即有才名。何、王"好论儒道"（《三国志·钟会传》），他们以道家玄虚观点来解释儒家经典，把老、庄思想同《周易》结合起来，作为其学说的核心，主要论点是"圣人体无""道者，无之称也"等。王、何学说风靡一时，当时士流莫不以谈玄为风尚，甚至一些没有什么文才的人也附庸风雅谈起玄学来，如司马师在当公子之时，也与何晏、夏侯玄等玄学家为伍，以沽名钓誉。这股玄风并没有随着正始十年（公元249年）王弼的病死与何晏在"高平陵之变"中的被杀而沉寂，它在整个魏末直到两晋都盛行不衰，对生活在这段时期的许多知识分子产生了很大的思想影响。

阮籍年龄稍小于何晏，嵇康则长王弼三岁，他们是同时代人。又由于嵇康同何晏是亲戚，阮籍同王弼是世交——他们的父祖辈阮瑀与王粲都是"建安七子"中人，所以阮、嵇接受玄学的影响是自然而然的。史书载阮籍"博览群籍，尤好《庄》《老》"（《晋书·阮籍传》），嵇康也"博览无不该通，长好《老》《庄》"（《晋书·嵇康传》）。不过这种时代风尚的影响毕竟是外在因素，阮、嵇对玄学的爱好更有其内在原因。玄学在以下两点上颇能引起阮籍、嵇康的兴趣。第一，玄学标举"虚胜""玄远"，这就使之从根本上具有一种超脱现实的性质。玄学家们尚清谈、崇抽象的辨析功夫，也助长其脱离现实的倾向。这种超脱现实的特点，一方面固然适应了统治集团粉饰现实矛盾、纵情声色物欲的需要——这里暴露了玄学为反动统治者服务的本质；但是另一方面，它也为一些对现状不满的人，起到了掩护自身、躲避迫害的作用。阮籍、嵇康正是从后者出发，投身于玄学的潮流。第二，玄学既然以道家思想为主干，道家一向就有批判和否定"仁义""礼教"等儒学伦理观念的传统，这就使它有可能成为一种批判的武器。而司马氏擅政以后，为了美化和巩固自己的罪恶统治，曾大倡"名教""礼法"，标榜"以孝治天下"等。为了进一步揭露司马氏集团"礼法"的虚伪本质，玄学正是可以利用的工具。因此，对阮籍、嵇康来说，玄学是一种进可攻、退可守的两得其利的很有用的东西，无怪乎他们对它非常热衷了。

阮籍和嵇康都写有一批玄学论文，所论的问题虽然各不相同，但究其归趋，无不体现了上述两点，即全身远害、归于自然的思想，以及对儒学"礼法"的否定与批判。阮籍今存《乐论》《通老论》《通易论》《达庄论》等著作。在《乐论》中，阮籍遵循着王弼、何晏的思路，将儒学纳入道家的轨道，而在《达庄论》中，则前进了一步。文章虽然同样强调"自然"，把它作为立论的根本依据，说"天地生于自然，万物生于天地"，"人生天地之中，体自然之形"，但是文章对儒学则不再使用"改造"的办法，而是干脆采取鄙薄和批判的态度。

这篇文章中写到的那位"礼法之士",亦即"缙绅好事之徒",以儒学的卫道者面目出现,极力攻击诋毁庄子学说。他说:"今庄周乃齐祸福而一死生,以天地为一物,以万类为一指[1],无乃徼惑以失贞[2],而自以为诚者也?"这种言论立即受到了"先生",也就是作者化身的批驳。"先生"演述了一整套"太始之论、玄古之微言",指出"至道之极,混一不分,同为一体,得失无闻",说自从"儒墨之后,坚白[3]并起,吉凶连物,得失在心",于是造成了一系列"出媚君上,入欺父兄,矫厉才智,竞逐纵横[4]。家以慧子残,国以才臣亡"的社会恶果。文章最后写"缙绅好事之徒"经"先生"的驳斥,终于无言以对,"丧气而惭愧于衰僻也"。此文比起《乐论》来,是更有锋芒的,最后一段淋漓尽致的批判,还涉及了政治问题,这是阮籍玄学的精华部分。

嵇康今存玄学论文比阮籍多,有《声无哀乐论》《养生论》《答难养生论》《难宅无吉凶摄生论》《答释难宅无

---

[1] 指:旨,意思指归。

[2] 徼惑以失贞:缠绕迷惑而失正。

[3] 坚白:指"坚石""白马"之论,是战国时期名家学派的公孙龙提出的著名论辩题。

[4] 纵横:本是战国时期合纵连横之术,此指玩弄智巧权术。

吉凶摄生论》《难张辽叔自然好学论》《明胆论》《释私论》等。嵇康与阮籍的基本玄学观点是一致的，但也存在着一些差别。嵇康不像阮籍只研究"三玄"（《老子》《庄子》《周易》），而是试图用玄学去解释各种自然的、社会的、心理的现象。他的《声无哀乐论》辨析音声同人的感情的关系；《难张辽叔自然好学论》辨析人是否生来好学的问题；《明胆论》辨析人的"明"与"胆"，即明智与胆略的关系；《难宅无吉凶摄生论》《答释难宅无吉凶摄生论》辨析居宅的吉凶问题；《养生论》《答难养生论》是辨析养生问题的。末二篇在正面论证养生可致长寿的同时，又批判了怀着"躁竞之心"的"养生"态度，指出其"万无一能成"。对于这些问题的探讨，嵇康的见解不见得都很正确，但他敢于辨析各种问题，勇于发表自己的看法，其精神是难能可贵的。然而更可贵的是，嵇康的玄学理论常常带有强烈的批判色彩。他提出了"越名教而任自然"（《释私论》）的命题。所谓"名教"，亦即"礼教""世教"，也就是司马氏集团标榜提倡的"礼法"，"越名教"即要越过、舍弃、否定礼法。所谓"任自然"，就是要崇尚自然，这是玄学的核心观点。所以嵇康这一句话，是对儒学的根本否定，也是对司马氏威权的挑战。而阮籍尽管攻击礼法的言论很多、很尖锐，却从未提出过这种根本性的命题。正是这种命题，赋予了嵇康的玄学以新的积极因素。

另外，在某些具体问题上，也可以看到嵇康的批判精神更强于阮籍。阮籍的《乐论》和嵇康的《声无哀乐论》，两篇音乐论文的大旨并不矛盾，阮籍通过音乐强调"自然"和"无欲"，嵇康在文中也说"音声有自然之和，而无系于人情"。但是，嵇康通过文中的"东野主人"之口，对"秦客"所宣扬的"治世之音安以乐""亡国之音哀以思"等儒家传统学说做了系统的否定，而阮籍在文中则说的是"乐法不修，淫声遂起""天下治平，万物得所，音声不哗"一类话，还在调和儒道两家的学说。嵇康在文中还明确表示不相信季札观乐而知各国之政、仲尼闻《韶》而知虞舜之德等事，他说："仲尼之识微，季札之善听，固亦诬矣。此皆俗儒妄记，欲神其事而追为耳。欲令天下惑声音之道，不言理自。"这些直指"圣人"的锋芒，在阮籍文中是不能得睹的。嵇康在玄学掩护下的这种批判精神，到后来还有所发展，达到了明确的"非汤、武而薄周、孔"的地步，因而招致了更加严重的迫害。

当然，魏晋玄学从总体上来说是一种唯心的、消极的思想潮流，阮籍、嵇康无法完全避免受其影响。例如他们的批判精神虽然显得很强烈，但也十分有限，一种脱离现实的情绪常常有所显露。他们不时地表现出动摇、退缩，这就是他们的文章中有时会出现调和的态度，甚至一反常态地附和儒学理论的原因。尤其是阮籍，玄学对他的消极影响更多些。他受庄子"彼亦一是非，此亦一是非"的滑头哲学的影响，在某些文章里鼓吹"以死生为一贯，是非为一条"（《达庄论》），"无是非之别，无善恶之异"（《大人先生传》），抹杀是非差别。这种消极愿想因素，无疑会反过来对他的现实政治态度产生一定影响。

阮籍、嵇康的玄学思想对他们文学创作的影响也是很大的，除了他们的散文中有许多玄学论文，他们的诗歌中也渗进了不少玄学因素。以阮籍的《咏怀诗》来说，其中不少诗都刻下了玄学的印记。如第四十首：

混元生两仪[1]，四象运衡玑[2]。暾日布炎精，

---

[1] 两仪：指天地。
[2] 四象：指木、火、金、水，各主春、夏、秋、冬四时。衡玑：指天上星座。

素月垂景辉。晷度有昭回[1]，哀哉人命微。飘若风尘逝，忽若庆云晞。修龄适余愿，光宠非己威。安期步天路，松子与世违。焉得凌霄翼，飘摇登云巍。嗟哉尼父[2]志，何为居九夷！

诗中有忧生、出世、向慕神仙等思想，而开首二句完全由《周易》中"太极生两仪，两仪生四象，四象生八卦"演化而成，它们所制造的玄理气氛笼罩全诗。

嵇康也有这一类诗，如他的《秋胡行》第五首，诗中的玄学色彩也很浓厚：

> 绝智弃学，游心于玄默。绝智弃学，游心于玄默。遇过而悔，当不自得。垂钓一壑，所乐一国。[3]被发行歌，和气四塞。歌以言之，游心于玄默。

玄学对诗歌的渗透，所起的作用有两方面。一方面，它

---

[1] 晷度有昭回：晷，利用日光的测时器，上有刻度。此言时光回转不停。

[2] 尼父：孔子字仲尼，"尼父"为尊称。孔子曾表示要"居九夷"。

[3] "垂钓"二句：言在一壑垂钓，则乐其全国。随遇而安之意。

使诗歌呈现一种淡泊悠远的面貌，给诗篇造成一种虚实结合的气氛和意境，此点在阮籍诗中最为明显。胡应麟说："步兵（即阮籍）虚无恬淡，类庄、列。"（《诗薮》）刘熙载也说，"阮步兵出于《庄》"，"阮嗣宗《咏怀》，其旨固为渊远，其属辞之妙，去来无端，不可踪迹"（《艺概》）。这都说的是玄学成分给阮籍诗歌风格带来的影响，也可以说是好的方面。另一方面，玄理过多，无疑也将损害诗篇的形象性，使作品枯燥乏味，缺少生趣。就以上引嵇康这首《秋胡行》（第五首）来说，它的玄言就过于直露了些。"绝智弃学"，是《老子》"绝圣弃智"一语的翻版，"游心于玄默"，也是纯粹的玄学语言，"遇过而悔，当不自得"二句，也直接从《庄子》"过而弗悔，当而不自得"剥来。类似的情形，阮籍《咏怀诗》中也有。这种现象，实际上开启了两晋时期"玄言诗"之端。当然，阮籍、嵇康的这类诗歌，无论如何还不同于后来的"玄言诗"。玄言诗绝少形象性，"理过其辞，淡乎寡味"，甚至"平典似《道德论》"（钟嵘《诗品·总论》），艺术上很少有可取之处，比起阮籍、嵇康的带有玄学色彩的诗，又等而下之了。

## 第六章

# 隐逸与神仙

自古以来，隐逸是一条避开政治斗争的便利途径。孔子有道不行则乘桴浮于海之说，孟子也有穷则独善其身之论，至于老、庄，则更是强调"至人无为，大圣不作，观于天地之谓也"（《庄子·知北游》）。以道家思想为主干的魏晋玄学，也以"天地为家""与自然齐光"作标榜。对现实的黑暗政治心怀反感，看不到出路，同时又信奉玄学的阮籍、嵇康，也就很自然地向往着隐逸之途。史载阮籍"或登临山水，经日忘归"（《晋书·阮籍传》），嵇康也"尝采药游山泽，会其得意，忽焉忘反"（《晋书·嵇康传》）。大自然没有官场中的污浊和尘世间的嚣杂，对于拥有高洁心志的阮、嵇来说，这是最能取得和谐共鸣的环境，因此他们流连忘返，乐此不倦了。有关隐逸的愿望，在他们各自的诗文中多有表露。

在阮籍的《咏怀诗》中，最常见的主题就是抒写高蹈隐遁之志，如第四十五首：

幽兰不可佩，朱草为谁荣？修竹隐山阴，射干临增城[1]。葛藟延幽谷，绵绵瓜瓞生。乐极消灵神，哀深伤人情。竟知忧无益，岂若归太清。

这里先点染了一番自然界的清幽境界，然后又说出他之所以要"归太清"，亦即归去自然，原因在于现实生活中有着使他无法解脱的"忧"。又如第七十四首：

猗欤上世士，恬淡志安贫。季叶[2]道陵迟，驰骛[3]纷垢尘。宁子[4]岂不类，杨歌[5]谁肯殉。栖栖非我偶，徨徨非己伦。咄嗟荣辱事，去来味道真。道真信可娱，清洁存精神。巢由[6]抗高节，从此适河滨。

---

[1] 射干：古代传说中一种西方之木，茎长只有四寸，因生于高山之上，临百尺之渊，所以看上去很高。增城：古代传说昆仑山有"增城九重"。

[2] 季叶：末世。

[3] 驰骛：指追名逐利。

[4] 宁子：宁戚，春秋时期的一位贫士，在齐国养牛而歌，被齐桓公启用。

[5] 杨歌：据《列子》载，杨朱之友季梁病笃，杨朱为之歌天命人事。

[6] 巢由：巢父、许由，传说是尧时隐士。

诗中既指出王朝末叶大道衰落、小人驰骛的黑暗现实，又明确表示要步巢父、许由这些上世隐者的后尘，坚持高尚志节，隐遁河滨，不涉世务。诗中强调了对"道真"的追求。所谓"道真"，是一个玄学概念，是玄学家的理想境界，而这种境界又是与隐逸行为相为表里。譬如阮籍在《大人先生传》中所描写的那位"大人先生"，是个"与道周始"的人物，可以说是一个已达到"道真"境界的人物，而"大人先生"就是"飘摇于天地之外"的最高级隐士。

嵇康也曾写道：

琴诗自乐，远游可珍。含道独往，弃智遗身。寂乎无累，何求于人。长寄灵岳，怡志养神。（《赠兄秀才入军诗》第十七首）

流俗难悟，逐物不还[1]。至人远鉴，归之自然。万物为一，四海同宅。与彼共之，予何所惜。生若浮寄，暂见忽终。世故纷纭，弃之八戎。泽雉[2]

---

[1] 逐物不还：追逐名利，不肯回头。
[2]《庄子·养生主》曰："泽雉十步一啄，百步一饮，不蕲畜乎樊中。"蕲：祈求。樊：笼子。

虽饥，不愿园林。安能服御，劳形苦心。身贵名贱，荣辱何在？贵得肆志，纵心无悔。(《赠兄秀才入军诗》第十八首)

所谓"归之自然"，与阮籍的"归太清"意思略同，都是要隐遁，就是要"长寄灵岳"或"四海同宅"。诗中明确说了他向往隐遁的原因，那就是要撇开"世故纷纭"，他要"肆志""纵心"，求得"寂乎无累"。他认为精神上的超脱自由，比受人供养而享受丰裕的物质生活要可贵得多，因此他情愿像大泽中的野鸡那样在荒野里忍饥挨饿，也不想为了富贵尊荣去充当苑中之玩物。

嵇康还曾写道：

详观凌世务，屯险[1]多忧虞。施报更相市[2]，大道匿不舒。夷路值[3]枳棘，安步将焉如[4]。权智相倾夺，名位不可居。鸾凤避罻罗，远托昆仑墟。

---

[1] 屯险：艰难危险。
[2] "施报"句：言互相做利益交易。
[3] 值：植。
[4] 焉如：往哪里走。

庄周悼灵龟[1]，越稷畏王舆[2]。至人存诸己，隐璞乐玄虚。功名何足殉，乃欲列简书。所好亮若兹，杨氏叹交衢[3]。去去从所志，敢谢道不俱。（《答二郭》第三首）

世务艰险，忧患迭生，政治道路上充满荆棘，无法涉足其中。那些利禄之徒各逞权智计谋，互相倾夺，使正直的人对名位感到幻灭。在这种现实环境下，功名已不足为殉，青史垂名也已无意义，还是顺着"玄虚"之道与世俗之人分道扬镳，去高蹈远托。这首诗围绕着隐逸问题，对现实政治多有讥刺，从中可以看到，诗人的弃世隐逸思想原出于不得已。此诗对现实的批判，同前引阮籍《咏怀诗》第七十四首（"猗欤上世士"）相比，基本一致，但更加具体而猛烈。前人评论此诗说："倾夺可憎，功名不足殉，深讥'典午'，语取快意，不能含蓄，

[1]《庄子·秋水》："楚有神龟，死已三千岁矣。王巾笥而藏之庙堂之上。此龟者，宁其死为留骨而贵乎？宁其生而曳尾于涂中乎？"灵龟即神龟。
[2]《庄子》载，越国国君三世被杀，越人使王子搜为君，搜不肯，逃入"丹穴"，越人以艾将他熏出，强使乘王舆，王子搜边上车边仰天而呼："君乎君乎，独不可以舍我乎？"
[3] 此用《列子》所载杨子邻人歧路亡羊的故事。交衢即歧路。

固已罔虑其祸。"（陈祚明《采菽堂古诗选》）

出于这种隐逸的志尚，阮籍、嵇康对隐士十分仰慕敬重。在他们眼中，无论是当代还是古时的隐者，都是正确生活态度的体现者，值得赞颂和效法。当时在汲郡（今河南卫辉市西南一带）有一座苏门山，是太行山的支脉。山中有一隐士孙登，极有名，嵇康、阮籍都曾慕名去拜访过。嵇康曾跟随孙登云游很长时间，希望能够得到他的指教，但孙登总是不肯回答嵇康的任何提问。嵇康最后叹息着要离去了，说："先生竟无言乎？"孙登才开口道："子识火乎？火生而有光，而不用其光，果在于用光。人生而有才，而不用其才，而果在于用才。故用光在乎得薪，所以保其耀；用才在乎识真，所以全其年。今子才多识寡，难乎免于今之世矣！子无求乎？"看来，孙登对嵇康是很了解的，他起初不回答嵇康的提问，并非装模作样，故示高深，而是对嵇康存有某种看法，这在临别赠言里终于说了出来。孙登说嵇康"才多"，诚是，但又认为嵇康"识寡"。孙登说的"识"是什么呢？就是"火生而有光，而不用其光，果在于用光。人生而有才，而不用其才，而果在于用才"。这几句话的意思无非就是主张有才者应当不用才，以此方式达到用才的结果，也就是老子"无为无不为"的思想。孙登看出嵇康不能做到"不用其才"，他只是口头上表示要"至人存诸己，隐璞乐玄虚"，实际上不能完全忘情世事，他还是要用才的，所以就说他"识寡"，并进一步认为他的用才将导致"难乎免于今之世"的结果。对于嵇康的思想性格，孙登的判断很透彻。为此，嵇康十分钦佩，直到临终前还在诗里提到他，说自己很愧悔，没有听取孙登的劝诫。

阮籍追随孙登的时间大概要比嵇康短些。他曾对孙登上陈黄帝、神农的"玄寂之道"，下考夏、商、周三代的"盛德之美"，提了不少问题，孙登也不予理睬。阮籍又讲论儒家的"有为之教"和方术之士的"栖神导气之术"去试探他，孙登仍旧不动声色，只是瞪直着眼睛出神。阮籍没法，就对他长啸起来，啸了半天，孙登只是笑笑。阮籍意尽而退，走到半山腰，只听见山上孙登也啸起来了，那声音洪亮犹如一个乐队在演奏，响彻山谷；优美就如凤凰之音。孙登不但没有回答阮籍的提问，连临别赠言也没有，似乎很看不起阮籍。他只是远远地送给阮籍一"啸"，这一"啸"是什么意思呢？原来魏晋名士大多会"啸"，亦即打呼哨，以此显示其放达的气度。

看来嵇康、阮籍都想追随孙登这位隐者，但孙登对他们的态度是有差异的,对嵇康尽管有所批评告诫,态度却还是亲切的、关心的;对阮籍虽无所批评,态度却显然要冷淡些。这种差异,正表明孙登对嵇、阮二人的思想性格都很了解,他知道阮籍也不是真正的隐者,因此不予理睬;他还知道阮籍不存在"识寡"的问题,因此也不必告诫,只需啸一声罢了。而阮籍因此大为佩服,回到家里就写了上文已经提到过的那一篇《大人先生传》。这篇传文一开头就写道:

> 大人先生盖老人也。不知姓字。陈天地之始,言神农、黄帝之事,昭然也。莫知其生平年之数。尝居苏门之山,故世或谓之。闲养性延寿,与自然齐光,其视尧舜之所事若手中耳。

显然,所谓"大人先生",写的就是孙登。文中把孙登当作理想人物写得"变化神微",很玄妙。不仅敷陈玄学旨趣,阐发隐逸的真谛,对"礼法君子"做了辛辣的讽刺和批判,而且对主张"禽生而兽死"和"藏器于身,伏以俟时"的两类隐士,表达了不同意见,认为做隐士就应当"超世而绝群,遗俗而独往","变化移易,与神明扶"。

"大人先生"除了指孙登,还有王烈。据说王烈已三百三十八岁,犹有少年之容,而且登山历险,行走如飞。嵇康也与他为友,曾一道入山游览采药。

孙登、王烈都是当时人,而阮籍、嵇康对古代隐者也很歆羡,恨不能生当其时。在阮籍的《咏怀诗》中,多写及"园绮遁南岳,伯阳隐西戎"(第四十二首)、"昔闻东陵瓜[1],近在青门外"(第六首)等,在他的散文中,也常见"荣期带索,仲尼不易其三乐"[2]、"仲子守志,楚王不夺其灌园"(《奏记诣曹爽》)之类的描写。嵇康则不仅写此类散见的诗文句子,他还撰有《圣贤高士传》,专门为历史上的,以及古来传说中的一批行止清高的人作传。

据嵇康死后他的哥哥嵇喜为他写的传记载,这部《圣贤高士传》"撰录上古以来圣贤、隐逸、遁心、遗名者,集为传赞,自混沌至于管宁,凡百一十有九人"。从嵇喜的介绍可知,所谓"圣贤高士",也就是"隐逸、

---

[1] 东陵瓜:汉初隐者召平在长安青门外东陵以种瓜为业。

[2] 荣期:即荣启期,春秋时隐者。据《列子·天瑞》载,他"鹿裘带索",而有三乐,即"天生万物,唯人为贵,吾得为人,一乐也;以男为贵,吾得为男,二乐也;人生有不免于襁褓,吾行年九十五矣,是三乐也"。

遁心、遗名者"。又据《晋书》本传说，嵇康写这部书，目的是"欲友其人于千载也"。不过此书今已部分散佚，尚存传及赞约六十人。依作者所写事迹，这些人大体可分四类：一类是让国贤人，如许由、子州支父、善卷、石户之农、卞随、务光、延陵季子等；一类是不求进宦者，如伯成子高、小臣稷、狂接舆、庄周、田生、安丘望之、司马季主、韩福等；一类是淡泊无欲之人，如巢父、康市子、亥唐、长沮、桀溺、求仲、羊仲、被裘公等；一类是深得自然之道的人，如广成子、襄城小童、壤父、商容、老子、关令尹喜、项橐、河上公等。

无论哪一类人，他们被嵇康赞颂的品质主要有"不慕荣贵""不交非类""怀德秽行，不仕乱世""隐德容身，不求名利，避乱远害，安于贱役""潜隐于家""闭门读书""安贫乐道""越礼自放""隐德无言""贫贱轻世而肆意""游无人之野""体逸心冲"等。而这些品质，无非都是道家隐逸思想的体现，同时也是嵇康自己身体力行的一些处世原则。

此书还有一点也值得注意，即它的"圣贤"概念是排斥儒家传统"圣贤"人物的，甚至像尧、舜、禹、汤、文、武、周公、孔子这些人也不预其列。而恰恰是他们的对立面，如巢父、许由、老子、长沮、桀溺、狂接舆等，占据了"圣贤"的位置。这一不同流俗的全新的"圣贤"概念,显示了嵇康特有的强烈的反传统精神。

同醉心隐逸相联系的是,阮籍、嵇康还都向慕神仙。《圣贤高士传》中写的某些"高士"其实就已经很难区分其为隐士还是神仙了,如"涓子":

> 涓子,齐人,饵术,接食甚精。至三百年后,钓于河泽,得鲤鱼中符。后隐于宕石山,能致风雨。受伯阳九仙法,淮南王安少得其文,不能解其旨。

这里既说其"隐",又称其"仙",一而二,二而一。同样,阮籍以孙登为原型写的"大人先生",既是隐者,又颇有些神仙色彩。所谓"大人",与司马相如《大人赋》中的"大人",即仙人,有些接近。传中写"大人先生":"真人游,驾八龙,曜日月,载云旗……"所谓"真人",即仙人,这简直就是在游仙了。至于他们在诗歌里咏神仙之事,那就更多一些。阮籍《咏怀诗》中至少有十五六首写及王子乔、赤松子、羡门子、浮丘公、安期生、西王母等神仙人物,有些诗基本上就是游仙作品,如第八十一首:

> 昔有神仙者，羡门及松乔。噏习[1]九阳间，升遐叽[2]云霄。人生乐长久，百年自言辽。白日陨隅谷，一夕不再朝。岂若遗世物，登明遂飘摇。

这诗说的是做神仙的好处，可以轻举高蹈，飘摇长生。当然，诗中也写了歆羡神仙的原因，是为了"遗世物"，摆脱现实矛盾。

嵇康还曾写过真正的《游仙诗》：

> 遥望山上松，隆谷郁青葱。自遇一何高，独立迥无双。愿想游其下，蹊路绝不通。王乔弃我去，乘云驾六龙。飘摇戏玄圃[3]，黄老路相逢。授我自然道，旷若发童蒙。采药钟山隅，服食改姿容。蝉蜕[4]弃秽累，结友家板桐。临觞奏九韶，雅歌何邕邕。长与俗人别，谁能睹其踪。

嵇康在这首诗里表现了强烈的求仙欲望，他几乎是陶醉

---

[1] 噏习：飘忽飞起的样子。
[2] 叽：食。
[3] 玄圃：古代神话传说中的神山，在昆仑山上。
[4] 蝉蜕：蝉的脱皮，以此比喻人的弃俗成仙。

在一派神仙境界里了。但他的目的仍在于希望"长与俗人别",由此可知,正是由于对世俗生活的不满和激愤无从消解,嵇康才到仙境中去寻求解脱的。嵇康还有《秋胡行》,这是一组乐府诗,共七首,它们的格式章法完全相同,可以判断为一时之作。第一、第二首,内容都是写"忧患谅独多"的现实生活,诗人从切身体验中得出"耻佞直言,与祸相逢。变故万端,俾吉作凶"的结论;第三、第四、第五首则从现实中进一步总结出"劳谦寡悔"的生活哲理,揭出"绝智弃学,游心于玄默"的道家信条;第六、第七首则从宣扬玄理再进一步到描写对神仙的追求,"思与王乔,乘云游八极。凌厉五岳,忽行万亿。授我神药,自生羽翼"。这最后两首,与游仙诗已毫无二致。从这组诗的全部内容看,它正反映出嵇康从现实到隐逸,再到求仙的思想变化过程。

总的来说,阮籍、嵇康的隐逸和神仙思想,尽管披着一层消极的甚至是虚妄的外壳,但仍有对现实的批判和反抗。

第七章

药与酒

药与酒，这是魏晋名士几乎不可缺少的两样东西。阮籍和嵇康，更是以服药饮酒闻名当世。

服药是魏晋名士的一项传统活动，始倡此风者就是玄学大师何晏。何晏因体弱，就按照汉代流传下来的寒食散药方试服，结果颇有效验。所谓寒食散，又名五石散，主要用五种矿石——紫石英、白石英、赤石脂、钟乳石、硫黄——合制而成，据说能治多种疾病。关于其功效，有许多记述，有的说能"身轻，行动如飞"（王羲之语），有的说可"长生不老"（葛洪《抱朴子·金丹篇》），这些当然都是夸张。嵇康的侄孙嵇含后来写过一篇《寒食散赋》，赋中述他老年得子，但孩子才生下十个月就得了上吐下泻病症，多方延医不能愈，病势危殆，最后给小儿服寒食散，不出一月即基本康复。寒食散能治某些病症，当是确实的。但它也有副作用，弄得不好，会中毒，产生其他病症，严重的会使人变痴呆，甚至也有吃死的。不过何晏是正始年间名士的领军人物，他一带头，自然就有不少人仿效。何晏在正始十年（公元249年）被司马懿所杀，但服药的风气如同玄风一般，并未因此而消歇，反而有转盛之势。在当时人看来，服药不仅给人带来成仙的希望，它本身就是高贵风雅之事，无形中能提高人的社会地位和身份，服食者以此骄人，不服食者也对服食者颇为仰慕。到后来，它竟似乎成了上流人士的一种标志，以至有人为了装阔气而假充服药者。有一则记载说，有人躺在市场门口的地上打滚，嘴里连声叫"热"，引来许多人围观。他的同伴感到奇怪，问他怎么回事。他回答说："我现正'石发'（五石散药性发作）。"同伴说："你何尝吃过'石'，竟会发作起来？"他答："我昨天买的米中有石，吃后现正发作。"惹得众人大笑。这则故事尽管是讽刺不懂服药的人，但它也很能反映当时的风尚。

嵇康对服药一事非常推崇，他把服食纳入他的"养生"理论。他在《养生论》中，一方面坚信神仙的存在，说"较而论之，其有必矣"；一方面又宣传通过"导养"而得长寿，"上获千余岁，下可数百年"。嵇康提出，要"导养得理"，应从两方面入手：一是"修性以保神，安心以全身，爱憎不栖于情，忧喜不留于意，泊然无感，而体气和平"；二是"呼吸吐纳，服食养身，使形神相亲，表里俱济也"。所以，"服食"是导养的重要手段，是通向长生的途径之一。

嵇康在不少诗里也写及了服药，如"沧水澡五藏，变化忽若神。恒娥进妙药，毛羽翕光新"，想象自己服食之后会成为神仙。又如"采药钟山隅，服食改姿容"（《游仙诗》），叙述自己不仅在家里服药，还常外出采药。据说，他与王烈就是采药之友。有一次，王烈在一山崖断层处采得流体状态的石钟乳，吃起来如粳米饭，以为是得了"异物"。待到给嵇康看时，却已凝固变硬，再赶去现场，那里的断层已复合。王烈认为是"叔夜未合得道故也"，嵇康颇以此为憾。

嵇康服食的实际效果如何？可能同他自己所希望的有很大距离。不但"变化忽若神"做不到，连"爱憎不栖于情，忧喜不留于意""形神相亲，表里俱济"也收效甚微。从他后期的表现来看，他"刚肠疾恶，轻肆直言，遇事便发"的性格更加厉害了。据有关史料记载，服食寒食散后，药性发作会使全身一会儿发热，一会儿发冷，人的心情也会很暴躁，有人竟"拔剑逐蝇"，还有人碰到一点儿不愉快的麻烦事，就要拿刀自杀。嵇康虽然还没有达到这种乖戾程度，但他的脾气在当时不少人看来，也是够怪僻的。起初嵇康服食的目的是要高蹈长生，解除现实矛盾，谁知适得其反，倒是起了火上浇油的作用，使他在面对现实矛盾时反应更加强烈。

阮籍似乎是不服药的，他的著作里很少提及此事，只在《咏怀诗》第七十首中写到过："采药无旋返，神仙志不符。逼此良可惑，令我久踌躇。"从这里看，他连对神仙的信仰也时有动摇，不无迷惑踌躇之感，而对服药一事，则更不像嵇康那样深信不疑而热心实行。

服药之外，又有饮酒。饮酒致醉，能够忘情于世事，摆脱现实矛盾的困扰（哪怕只是暂时），让人有一种飘飘欲仙的感觉。这也是同玄学"彷徉足以舒其意，浮腾足以逞其情"（《大人先生传》）的境界相通的。因此，不少魏晋名士都嗜酒，借着酒力，他们放达飘逸的作风能够得到更彻底的表现。对此，"竹林七贤"之一的刘伶写有《酒德颂》。文中也有一位"大人先生"，他"以天地为一朝，万期为须臾，日月为扃牖，八荒为庭衢。行无辙迹，居无室庐，幕天席地，纵意所如"，其思想行为与阮籍《大人先生传》中的主人公"以万里为一步，以千岁为一朝。行不赴而居不处，求乎大道而无所寓"完全一致，都体现了玄学家心目中的"至人"。而刘伶接着就写他"止则操卮执觚，动则挈榼提壶，唯酒是务，焉知其余"。这里的"大人先生"与酒徒形象合而为一了。

嵇康既服药，也饮酒。"七贤"之一的王戎后来说过，"吾昔与嵇叔夜、阮嗣宗共酣饮于此垆"（《世说新语·伤逝》）。嵇康还写有《酒会诗》（今存七首），其中说到"酒中念幽人，守故弥终始"等。不过，嵇康饮酒有节制，并不过量。他曾写道："酒色何物？今自不辜。歌以言之，酒色令人枯。"（《秋胡行》第四首）看来他对饮酒过度的危害性有一定警惕，所以尽管写了《酒会诗》，我们却看不到其中有什么耽溺的倾向，诗中只是着重写"淡淡流水，沦胥而逝""钟期不存，我志谁赏"一类的感叹，写得很清醒、很理智。

阮籍不服药，却颇有些"唯酒是务，焉知其余"的意思。他的饮法与嵇康不同，他是酣饮、痛饮、狂饮，不拘场合，有酒必醉。前面我们已说过他醉卧酒家少妇脚边之事，这里再说一件他与群猪共饮的趣闻：阮籍及其侄儿阮咸（"竹林七贤"之一）常与族人聚饮，有一次他们正围坐在地痛饮，一群猪挤上来把嘴拱进酒盆，阮籍喝得高兴，也不去管它们，就与猪一道喝到酩酊大醉方止。

阮籍嗜酒，其出发点其实同嵇康服药是一样的，都是希图以此为途径、超脱现实、消除矛盾。这正如《晋书》本传所说："籍本有济世志，属魏、晋之际，天下多故，名士少有全者，籍由是不与世事，遂酣饮为常。"服药与饮酒的区别，只在于前者在遗忘世事之时仍保持清醒，而后者则是寻求糊涂。从实际效果来看，阮籍的办法似乎倒比较有用，他在醉酒的掩护下确曾数次躲过了司马氏集团向他伸来的时而拉拢、时而加害之手。司马昭曾经打算替长子司马炎（晋武帝）求娶阮籍之女，他想这件事阮籍断难拒绝，而联姻一成，阮籍自然也就成了他的集团一员。不料阮籍得知此事后，就大醉六十日，使司马昭的求婚使者无从开口，婚事终于作罢。他在对付钟会的盘问套话过程中，除了"发言玄远""口不臧否人物"，也配合以醉酒，多次以酣醉获免。所以阮籍的嗜酒，实在也是对付司马氏以及"礼法之士"的一件"软"武器。

至于为什么嵇康服药而少饮酒，阮籍饮酒而不服药？这也是同他们各自的政治态度、性格作风有关的。

从性格作风上说，服食寒食散是一件相当麻烦的事，非精细耐心之人，不可随便服用。服药有许多规矩，先要采药，再调配处方，服时要有饵药，其步骤要求不能稍有错乱，否则便可能中毒甚至有性命之虞。嵇康正是一位精细干练的人，适于此道。至于阮籍，他的性格浑朴旷放，对这种精细而又危险的高级享受是不能适应的，饮酒显然要简单易行得多。

从政治上说，两人都倾向曹氏皇室，都对司马氏集团心怀反感，但嵇康的态度要比阮籍激烈强硬。尽管他在认识到局面已不可挽回的情况下，也有心灰意冷的表现，也想通过隐逸、神仙之事去做个局外之人，但归根到底他是不甘向司马氏集团示弱的，他的基本态度还是如他在《圣贤高士传》中所写的那样，"不仕乱世"（《逢萌传》）、"义不仕二姓"（《楚老传》），这种强硬耿直的态度当然不能用醉生梦死、自我沦落的方式来表现，因此他宁愿服药，寄万一的希望于轻举高蹈，也不肯沉湎于酒。阮籍的态度相对来说是软弱的。他看到曹魏皇室大势已去，司马氏执政已成为无法更改的现实；而他也明白服食飞升之事太渺茫，不可能真正做到，他还得在司马氏的统治下打发日子。在这种情况下，他既不愿同流合污，又缺少在政治上向司马氏集团挑战或者明确地划清界限的勇气，所以对阮籍来说，醉酒是最好的摆脱政治困境的方法，唯一遗憾之处是酒醉时间太短，醉后总有醒时。

# 第八章

# 嵇康的『绝交书』

嵇康以种种方式显示他在政治、思想意识和道德观念上同司马氏集团格格不入的态度，但司马氏仍然对他极尽拉拢之能事。原因就如前面所说的，司马氏为了巩固自己篡夺而来的政权，需要收揽和安抚人心，而嵇康在当时社会上，特别是在士大夫阶层中声望很高，他的品格、才学、作风，甚至仪容，都很受推重，是当时正直知识分子的一面旗帜，把这面旗帜拉拢过来，就能大大增加司马氏集团的号召力。

当时嵇康的崇敬者、追随者是不少的，除了一些志趣相投者，如阮籍、刘伶、向秀、阮咸，还有不少年轻的正直文人。上文提及过的吕安是一个，还有赵至也具有一定代表性。赵至，字景真，十四岁时曾随人入太学观书，正遇见嵇康在学中写石经古文，一见之下即对嵇康钦佩不已，从此成为嵇康的学生，跟随他很多年。此外还有一些志趣并不十分相同的人，出于种种原因，也很尊敬、景仰嵇康，如山涛、王戎二人即是。据载，山涛与嵇康（还有阮籍）只见过一面，就"契若金兰"。其实山、王在司马昭时期都已做官，已入"俗人"之列，他们主要是折服于嵇康的才具和风度。从山涛所说"嵇叔夜之为人也，岩岩若孤松之独立；其醉也，傀俄若玉山之将崩"中，就可知他因何而佩服嵇康。王戎也有类似言论，当他听到有人称赞嵇绍（嵇康之子）"卓卓如野鹤之在鸡群"时，即反驳说："君未见其父耳！"（《世说新语·容止》）即使是某些政治态度根本不同的"礼法之士"，也很看重嵇康。钟会就是一例，他对阮籍一向敌视，但对嵇康却不这样，甚至很想同他拉近关系。他为点缀风流，写了玄学论文《四本论》，首先想到的就是让嵇康看看，希望能得到推奖，以扩大自己的影响，提高名望。他知道嵇康的脾气，怕当面碰钉子难堪，就把文章揣在怀里，走到嵇康家门外，远远地把文章掷进去，然后回转身来急忙走开。此事固然可笑，却也反映了司马氏集团中一些人对嵇康的复杂态度。

　　司马氏对嵇康的争取，就是以利相诱，想让他在"中散大夫"这个散职外，担任一个名实两方面都比较显要的官职，来参与司马氏集团的政治。景元二年（公元261年），正是司马昭杀了魏帝曹髦的次年，司马昭自觉难逃"弑君"恶名，正担心着"天下其如我何"

(《晋书·文帝纪》)。此时他最需要得到舆论的支持，于是加紧了对嵇康的拉拢。他首先想到的是由嵇康之友尚书吏部郎山涛出面，以山涛即将转散骑侍郎，吏部郎出缺为由，推荐嵇康来自代。这样的安排就给了嵇康一个台阶，让他在接受官职的同时，可以不承担直接受命于司马氏的名义。司马昭的这一手安排相当周到，他给嵇康的政治转向提供了转圜的余地，倘是对司马氏心存疑虑或芥蒂的普通士子，很可能就会顺着这个台阶爬上去。但是，嵇康对司马氏的残暴和虚伪了解得太透彻了，他蔑视司马氏集团，也不屑于司马氏给予的官职，无论以何种方式，他都不愿接受司马氏的政治赐予。于是他写了《与山巨源绝交书》这篇著名文章，作为对山涛（字巨源），也是对司马氏的答复。

《与山巨源绝交书》全文约一千七百字，共分六段。

首段说作此书缘由。先述山涛荐举自代之议，又说由此可知你并不了解我。接着指出，恐怕你就像那厨师一样，不好意思独自切肉，要拉个不相干的祭师来帮忙，让别人也手执刀子，身上沾染腥膻。开门见山，写得真是辛辣尖锐，作者"刚肠疾恶，轻肆直言"的性格毕现。

第二段强调"君子百行，殊途而同致，循性而动，各附所安"，又引述历史上的一些圣贤人物，来证明"志气所托,不可夺也"。文中特别说明,"老子、庄周,吾之师也,亲居贱职;柳下惠、东方朔,达人也,安乎卑位",显示了作者不可动摇的立身行事原则。

第三段转而叙述自己从幼年直至成年的生活经历,强调自己"荣进之心日颓,任实之情转笃"的思想状态。

第四段又说自己的思想性格,与"人伦有礼,朝廷有法"相对照,有"必不堪者七,甚不可者二"。文章列举了九条同礼法相背反之点,表面上是说自己有种种不宜为官之处,实际上是明确拒绝司马氏的拉拢。这是此书的核心内容:

卧喜晚起,而当关[1]呼之不置,一不堪也。抱琴行吟,弋钓草野,而吏卒[2]守之,不得妄动,二不堪也。危坐一时,痹[3]不得摇,性复多虱,把搔无已,而当裹以章服,揖拜上官,三不堪也。素不便书,又不喜作书,而人间多事,堆案盈机,不相酬答,则犯教伤义,欲自勉强,则不能久,四不堪也。不喜吊丧,而人道以此为重,已为未

---

[1] 当关:把守关门的兵卒,担任呼叫朝臣上朝任务。
[2] 吏卒:属吏、部卒。
[3] 痹:"痹",手足麻木。

见恕者所怨，至欲见中伤者，虽瞿然自责，然性不可化，欲降心顺俗，则诡故不情，亦终不能获无咎无誉，如此，五不堪也。不喜俗人，而当与之共事，或宾客盈坐，鸣声聒耳，嚣尘臭处，千变百伎，在人目前，六不堪也。心不耐烦，而官事鞅掌[1]，机务[2]缠其心，世故繁其虑，七不堪也。又每非汤、武而薄周、孔，在人间不止，此事会显，世教所不容，此甚不可一也。刚肠疾恶，轻肆直言，遇事便发，此甚不可二也。以促中[3]小心之性，统此九患，不有外难，当有内病，宁可久处人间邪？

"九患"之中，其实有几"患"的内容相近，说来说去，无非是说出仕一事"不可""不堪"，是反复申明、坚决谢绝。

第五段说自己相信服食养生之事，一旦为官，便前功尽弃。又举古代禹不逼迫伯成子高做官，近世华歆不强使管宁出仕、诸葛亮不强使徐庶入蜀等事例，强调"夫人之相知，贵识其天性，因而济之"的道理。这是

---

[1]鞅掌：忙乱烦扰。
[2]机务：一作"万机"，指公务。
[3]促中：肚量狭小，即"狭中"。

在"九患"之外，又补充说明不愿为官的理由。

末段总结篇意，又打了个比方，说野人有以光脊梁晒太阳为乐的，他就要帝王也来享受此乐。文章说，这野人用心不错，但未免太不着边际了。希望你（指山涛）不学此野人，最后说："既以解足下，并以为别。"意思是我已与你讲明白了，就此与你告别。

这篇文章写得态度严峻、语意深长，而词气雄放、自然流畅，为魏晋散文杰作，后世都给予了高度评价。萧统将它收入《文选》，刘勰在《文心雕龙·书记》中赞扬道："嵇康《绝交》，实志高而文伟。"明代李贽在《焚书》中说："此书实峻绝可畏，千载之下，犹可想见其人。"

此书一出，司马昭见嵇康不愿投顺自己，态度坚决，毫无活动商略余地，便晓得他是无法羁縻的了。令司马昭尤其触目惊心的是，嵇康在书中明确说"非汤、武而薄周、孔"，这不仅仅是离经叛道、讪谤圣王的问题，而且是对司马昭的隐射攻击。因为司马氏父子都以周公摄政自拟，而司马昭更准备随时实行"汤武革命"，改朝换代。这样一来，嵇康实际上是写了一封与司马氏的绝交书。

事情还不止于此。就在次年，即景元三年（公元

262年），又发生了吕氏兄弟案件。吕氏兄弟即吕巽（字长悌）、吕安（字仲悌）。吕巽是个人面兽心的卑污家伙，他见吕安妻子貌美，就动了邪念，将她灌醉奸污了。此事被吕安得知，就打算告发。吕安与嵇康为忘年之交，便以此事相商。嵇康早就认识吕巽，也曾有过交往，他听了很是气愤，但又考虑到这是一件家丑，不宜外扬，就劝吕安暂时隐忍不发。但是吕巽却做贼心虚，总觉得把柄落在弟弟手里不妥，于是恶人先告状，暗地里向司马昭诬告吕安打了母亲，说吕安"不孝"，要求治其罪。"不孝"二字，在当时可是条大罪状，因为司马氏一直标榜"以孝治天下"，那些"礼法之士"也莫不以"孝"作为"名教"的一条大纲目，去压制异己。吕巽当时担任司马昭的相国掾，是其手下红人，他这一状自然就告准了，于是吕安被判了流徙边远地区的徒刑。

这事极大地震动了嵇康。一方面，他感到十分内疚。吕安是在他的劝说下才取息事宁人态度的，结果却反受其祸，他觉得吕安含冤受辱，自己也有一分责任。另一方面，他对吕巽的行为非常愤慨。这个伪君子，比他原来设想的还要坏百倍，他不仅是个禽兽，还是条毒蛇。就在这种心情下，嵇康又写了《与吕长悌绝交书》。

这篇书信中，嵇康首先对吕巽说：我与你年龄相近，过去你表示愿意诚心相交，虽然在出仕与隐居问题上我们态度不同，但我还是答应与你做好朋友。后来我认识了你弟弟"阿都"（吕安小名），看他年少聪慧，颇为你有此兄弟而高兴。去年阿都曾对我说及了你干的那件事，他很愤慨，想要告发你，被我努力劝阻。而我又告诉你，要同他亲善和睦。我这样做是为了珍惜你家的名声，想使你们兄弟都好。而你当时也答应了我，无论如何不加害阿都，并且以父亲的情面起誓。因此我受了感动再去安慰开导阿都，阿都的气愤也就平息了下去。但你却自己心虚犯疑起来，秘密上表诬告阿都，把他抓了起来。这是由于阿都相信了我的缘故，没想到你是如此包藏祸心。书中最后说："都之含忍足下，实由吾言。今都获罪，吾为负之。吾之负都，由足下之负吾也。怅然失图[1]，复何言哉！若此，无心复与足下交矣。古之君子绝交不出丑言，从此别矣！"

　　这篇绝交书篇幅不长，不足三百字，却扼要说明了事件过程及他对事件的看法，一方面赞扬了吕安，另一方面斥责吕巽"包藏祸心"。作者虽然怀着满腔义愤，但书中只有严正冷峻的说理，而无尖刻的詈骂。他对对

---

[1]失图：不知如何是好。

方的极大蔑视，隐含在"绝交不出丑言"的平静语气中。作为一篇散文，它写得自然流转、挥洒裕如，诚如有人评论说："随笔写去，不立格局，而风度自佳，所谓不假雕琢、大雅绝伦者也。"（《汉魏别解》引茅坤说）其语言风格与《与山巨源绝交书》相近，而在气格雄肆上稍不如之。

吕巽之所以能够如此怙恶不悛，无非是因为他有司马昭做后台，对此嵇康再清楚不过。所以，这篇《与吕长悌绝交书》的矛头所指，同样是司马氏集团，这又是一篇与司马氏的绝交书。嵇康一而再地将矛头指向司马氏，对司马昭的刺激之大是不言而喻的，而这也必然会给他自己带来严重的后果。两篇"绝交书"，标志着司马昭对嵇康的笼络工作已告彻底失败，继之而来的必将是司马氏的另一手——残酷迫害、血腥镇压。

第九章

阮籍的『劝进文』

司马氏集团的威逼利诱，并没有使嵇康屈服，但他们不断施加的政治压力，却给阮籍造成了沉重的精神负担。阮籍的反抗是比较软弱的，他在政治问题上一向很谨慎，"口不论人过"，即使某些诗文触及现实政治问题，往往也采用曲折隐晦的方式。他同司马氏集团"礼法之士"的矛盾固然尖锐，但其焦点并不在"法"，而主要在"礼"。他在思想上虽然对现实多有批判，但又主张"无是非之别，无善恶之异"。他还有一条"变化移易，与神明扶"的处世信条，这一信条多少带有些圆滑的成分。这些都决定了他不能够同司马氏集团作正面对抗，公开决裂。因此，他表面上虽然高唱"恬于生而静于死"（《达庄论》），似乎置死生于度外，但实际上内心却紧张激动得很，充满着忧虑和恐惧。存在于阮籍诗歌中的许多"忧生之嗟"，就是这种忧惧心理的一个明证，如《咏怀诗》第三首：

嘉树下成蹊，东园桃与李。秋风吹飞藿，零落从此始。繁华有憔悴，堂上生荆杞。驱马舍之去，去上西山趾。一身不自保，何况恋妻子？凝霜被野草，岁暮亦云已。

首二句用《史记·李将军列传》"桃李不言，下自成蹊"意，喻盛时；次二句以秋风吹藿为喻，写衰时；五、六两句正面述今昔盛衰之感；七、八两句述遗落世事的隐遁决心；九、十两句明说性命难保，无所眷恋；末二句以霜打野草来描述自己的危殆处境。全诗弥漫着悲观气息，对性命的忧惧压倒了任何其他的考虑。

又如《咏怀诗》第三十三首：

一日复一夕，一夕复一朝。颜色改平常，精神自损消。胸中怀汤火，变化故相招。万事无穷极，知谋苦不饶。但恐须臾间，魂气随风飘。终身履薄冰，谁知我心焦？

从诗中看，阮籍日复一日地经受着精神上的痛苦，这种苦恼甚至也改变了他的容颜。他心中如怀汤火，唯恐变故骤降，而令他恐惧不已的"变化"，就是丧命。最后诗人感叹，人们只看到他的放荡豁达，但谁也不知道他内心深深的焦虑——诗人就像行走在薄冰上，战战兢兢地打发着日子。

诸如此类的"忧生之嗟"，阮籍还有不少。这些作品表明，阮籍的意志远不是那么坚强，他实际上相当脆弱。相比之下，嵇康就很少发出这种"忧生之嗟"。阮籍的这种脆弱性瞒不过司马昭，司马昭曾亲自出马，多次找阮籍谈话，他得出的结论是："阮嗣宗至慎，每与之言，言皆玄远，未尝臧否人物。"（《世说新语·德行》）

阮籍的弱点被抓住了，司马氏集团就不断拉拢他，并且取得了一定成效。这种成效首先表现为阮籍在"高平陵之变"以后的十余年里，一直接受着司马氏给予的官职。他先当过司马懿的太傅从事中郎，司马懿死后，又任司马师的大司马从事中郎，司马师死后，又做司马昭的大将军从事中郎，其间又封关内侯，徙散骑常侍。这些官职爵位，虽然基本上是挂名的虚职虚位，但它们都直接挂在司马氏父子的衔下，这就与嵇康的中散大夫虽也是挂名，却挂在曹魏朝廷之下有所不同。再者，阮籍还曾向司马昭推荐过人才，被荐者是他的同郡人卢播。为此，阮籍专门写了一封推荐信，信中除夸奖卢播是"后门之秀伟，当时之利器"外，还颂扬司马昭"皇灵诞秀,九德光被,应期作辅,论道敷化"等。这种事很可能会被司马昭理解为是暗送秋波,这也是嵇康不曾做过的。甚为可怪的是,阮籍还曾两次主动向司马昭要求官做。他对司马昭说,他曾经到东平(今属山东)地区游玩,很喜欢那儿的地方风物,愿意去做东平太守。此言一出,司马昭大悦,把这当作阮籍愿意在政治上效劳的表示,立即满足了他的要求。阮籍骑着驴去上任,径直走进东平太守衙门,到那里所做的第一件事就是命人把府中隔墙拆掉,使内外直通通地能够相望,一目了然,然后再大大精简各种指示政令。他只待了十几天,就骑着驴离去了。阮籍不肯好好干事,这让司马昭感到失望。其实阮籍说他"曾游东平,乐其土风",并不是真心话,他有一篇《东平赋》存世,赋中说那地方"匪修洁之攸丽,于秽累之所如"[1]"背险向水,垢污多私""唱和矜势,背理向奸"[2]"居之则心昏,言之则志哀"等,形容得一无好处。所以他去做东平太守的真正动机是否如他所说,是颇令人怀疑的。还有一次是他曾要求司马昭让他去当步兵校尉,这也很快得到了满足。

---

[1]"匪修"二句:不是整洁而美丽,而是脏物积聚之所在。
[2]"唱和"二句:人们倚恃势力互相唱和,违背真理,喜好奸恶。

（后世因此称他为"阮步兵"。）然而他却是因看中步兵营中有一厨师善酿，而且藏有美酒三百斛，才提出此要求。他上任后，就与"竹林七贤"之一的刘伶在营中终日痛饮，并不管事。总之，他是既愿意做司马氏给予的官，又不肯认真为司马氏效力。

阮籍的种种表现，使司马氏认为他还不是顶危险的人物，只是思想意识上的异己，并不是实实在在的政敌。所以在当时的特定环境下，司马氏对他采取了暂时的容忍态度。正因此，才出现了这一奇怪现象："礼法之士所绳，疾之如仇，幸赖大将军保持[1]之耳。"（《与山巨源绝交书》）"礼法之士"本来是司马氏的帮凶，但在这里，帮凶却同主子（"大将军"，即司马昭）的态度截然相反。当然，对此也可以理解为是红脸、白脸的关系，但对待别人（如嵇康等）却没有出现这种情况。司马昭"保持"阮籍，有时表现得相当特别，可谓一反其常态。例如当"礼法之士"何曾当廷训责阮籍居丧而食酒肉，提出"宜流[2]之海外，以正风教"时，司马昭就亲自出面为阮籍辩护，说："嗣宗毁顿如此，君不能共

---

[1] 保持：保护。
[2] 流：放逐。

忧之，何谓？且有疾而饮酒食肉，固丧礼也。"其实丧礼中并没有饮酒食肉这一条，司马昭是故意显示对阮籍的宽大。又如在司马昭的公堂上，一般官员都是毕恭毕敬，不敢放肆的，唯有阮籍可以在那里"箕踞啸歌，酣放自若"，而司马昭从不责怪。这些"优待"，是连司马昭的心腹也享受不到的。

不过这些都是特定环境下司马氏笼络人心的一种策略。随着政敌一批批被剪除，篡权事业步步得手，司马氏集团对阮籍这种若即若离、游移敷衍的暧昧态度也就越来越不满意，渐渐无法容忍。他们使用种种手段迫使阮籍在政治上公开表态。找他谈话是一种，司马昭要同他联姻又是一种，这些都被阮籍搪塞过去了。但是，景元四年（公元263年）十月，阮籍无法搪塞的时刻到来了。

这时，司马昭的篡权事业到了一个非常紧要的时候，即加封自己为晋公，位相国，加九锡。这事本来从景元元年（公元260年）以来就曾三次提出，但由于司马昭想试探各方的反应，所以每次都假装"固辞"，没有正式办。现在他认为条件成熟了，就发动其一伙真的办起来。不过，当曹魏傀儡皇帝曹奂下诏给他加封时，他却还要表示一下谦让，然后由公卿大臣"劝进"，再受封，以此来显示他是上合天意、下称民望。当时阮籍只担任着散官散骑常侍，并不是司马氏集团中的要员，然而这一篇"劝进文"却特别指定由他来执笔。事情早早做了布置，进展颇为顺利。诏书下过了，司马昭也"谦让"过了，只待众官员"劝进"。然而阮籍的"劝进文"根本没有写，他正在一个朋友袁孝尼家里饮酒呢！阮籍大概是想用醉酒的老办法来蒙混过去，但是这一次不比往常，司空郑冲写了亲笔信，派专使骑快马找来了，即刻就要拿文章。阮籍既没法推托，又不敢不写，只好由人扶着，带着酒意当场挥毫。他信手写下，不改一字，交给了使者。文章写得如此之快，使当时许多人叹服，称之为"神笔"。此文今存，篇幅不长，内容也没有什么特别，无非说司马昭就是伊尹、周公，"宜承圣旨，受兹介福，允当天人"，等等。

不管是在什么情况下写的，阮籍反正是写下了"劝进文"（今集中题为《为郑冲劝晋王笺》），这就等于他公开表态拥护司马昭，赞同其篡夺行为。一篇"劝进文"，也就是阮籍的政治转向声明书。看来他内心并不甘愿，只是虚与周旋，但在行动上是完全屈服于司马氏了。这样一来，司马昭对他也就放了心，此后他似乎再也没有碰到什么麻烦。

第十章

# 不同的结局

嵇康与阮籍将有不同的结局，至此已经昭然。

嵇康的两篇"绝交书"决定了他自己的命运，司马氏就以吕氏兄弟案为由，对他下了毒手。在案件审理过程中，嵇康曾挺身而出为吕安辩护；而吕安在流徙途中又曾给嵇康写了封信，信中有"昔李叟入秦，及关而叹"等语，此信被截获，司马昭深文周纳，以此信中有不满之意，就又将吕安捉回，同时拘捕嵇康。由此可知司马氏虽标榜"礼法"，却无半点儿公道可言。吕安作为一名受害者，罪名却越来越重；嵇康作为一名旁证者，竟也被系狱鞫讯。

在狱中，面对无端的迫害，嵇康思绪万千。他写了一首《幽愤诗》，以抒其怀。诗为四言九章。首章回忆幼时生活，说在母兄宠爱下，自己养成了任性脾气。第二章写从青年时期起即"托好老庄，贱物贵身。志在守朴，养素全真"，又说自己"好善暗人"，善良而不能识别人，这当指没有及早看清吕巽的本质。第三章述自己

受邪恶之人陷害,"怛若创痏",很难过。第四、五、六章是全诗的重心:

> 欲寡其过,谤议沸腾。性不伤物,频致怨憎。
> 昔惭柳惠,今愧孙登。内负宿心,外恶[1]良朋。
> 仰慕严郑[2],乐道闲居。与世无营,神气晏如。
> 咨予不淑,婴累[3]多虞。匪降自天,寔由顽疏。
> 理蔽患结,卒致囹圄。对答鄙讯,絷此幽阻。
> 实耻讼免,时不我与。虽曰义直,神辱志沮。

诗人写他本来是"欲寡其过""性不伤物"的,但还是遭到谤议和怨憎,这里包含了对司马氏陷害无辜的愤怒和抗议。他不禁想起柳下惠和孙登,柳下惠为古代贤者,他"直道而事人"(《论语》),被多次贬黜;而孙登则指出过嵇康"才多识寡,难乎免于今之世矣",现在果然不幸而被言中了。同时,诗人又深感对不起好友吕安。另外,诗人还对这次蒙冤事件的性质有所思考,认

---

[1] 恶:惭愧。
[2] 严郑:指严君平、郑子真,都是汉代著名的"修身保性""安贫乐道"的隐士。
[3] 婴累:遭罹罪累。

为这是由于自己行为不慎，惹出了事端，是"顽疏"所致。但他也坚持认为，自己在道义上是正直的、光明磊落的。接下去第七章写自己失去自由，不能像北游的鸣雁那样奋飞，感叹这是事与愿违。第八章引《庄子·养生主》"为善无近名"一语，说只有"奉时恭默"，才能做到"咎悔不生"。又引汉代以谨慎闻名的石奋父子为例，说像他们那样，才是"安亲保荣"之道。最后写自己有志而不能实现，很是痛心，表示将来一旦出狱，要学伯夷、叔齐那样，隐居山野，"永啸长吟，颐性养寿"。

总的来说，此诗流露了不少对现实的灰心失望情绪，还含有一些对自己行事的悔咎想法，并蒙上了一层老庄消极出世思想的阴影。不过诗中并没有泯灭是非，诗人还是坚持"义直"的立场，对自己的无端受迫害表示愤慨，而对那些压迫者及其走狗，如吕巽之流，也不指名地谴责他们"民之多僻"，作恶多端。这首诗表明，嵇康在严峻冷酷的现实考验下，尽管也有懊丧和失望，但并没有屈服于司马氏的淫威，他仍然保持着刚直不阿的可贵品质。诚如诗题"幽愤"二字所体现的，他身被幽阻，仍表达愤慨，敢怒敢言。这首诗纯以自述语气写成，从幼时写起，直至当下。篇中叙事夹有述志，又间有抒情，平易而富于变化，节奏舒徐中见急促，情真词切,为嵇康四言诗之代表作。沈德潜评论说:"通篇直直叙去,自怨自艾,若隐若晦。'好善暗人',牵引之由;'显明臧否',得祸之由也。至云'澡身沧浪,岂云能补',悔恨之词切矣。末托之颐性养寿,正恐未必能然之词,华亭鹤唳,隐然言外。"(《古诗源》)孙鑛评论说:"丽藻中不失古雅,堪讽堪颂,自是四言之俊。"(《文选》孙鑛评本)两者都颇合于诗篇实际。

从《幽愤诗》中看,嵇康当时还没有意识到自己即将有性命之虞。因为司马迁为李陵辩护,触怒汉武帝而受腐刑,此事长期以来已经被认为是莫大的冤屈。至于挺身为朋友作证辩诬而遭杀害的冤案,在史书记载中似乎还没有过,因而嵇康在狱中想的就是出狱后如何轻举高蹈、远游长生等。但是,司马昭同汉武帝相比,雄才大略固不如之,阴险毒辣则远过之。他不肯放过任何一个对他有潜在危险的人。加之他的亲信钟会在那里大肆构煽,他就更加决意要杀嵇康。

钟会其人,前面已经说及过,他原来想同嵇康拉关系,所以有去嵇康户外遥掷《四本论》之举。但那次没有达到目的,所以后来又做过另一次尝试。这一次他是鼓足了勇气,乘肥马、衣轻绸,还邀集了不少"贤俊之士",大模大样地去探访嵇康。到了嵇康住所,嵇康正在家门外的大柳树下锻铁，在旁协助他打铁的是"竹林七贤"之一的向秀。嵇康一向傲视权贵，见到钟会这副派头，就更加不愿趋奉。他旁若无人地只顾打铁，对钟会不予理睬，而钟会又不肯放下架子，主动上前致意。这种僵持局面持续良久，钟会下不来台，恼恨之极，最后只得拨转马头走开。临走时，嵇康终于平静而高傲地说："何所闻而来？何所见而去？"钟会激动而愠怒地回答："闻所闻而来，见所见而去！"这件事给钟会的刺激很大，从此就专意要报复嵇康。嵇康因吕安案入狱，就给了他一个极好的机会。钟会对司马昭进言：毌丘俭举兵谋反时，嵇康曾想响应，只因山涛劝阻才未成事。过去齐国杀华士、鲁国诛少正卯，都是他们"害时乱教"，所以圣贤将他们除掉了。现在嵇康、吕安等言论放荡，攻击诽谤经典，作为帝王，对此不应容忍，应就此事除掉他们，以淳风俗。钟会又说："嵇康，卧龙也，不可起。公无忧天下，顾以康为虑耳。"（《晋书·嵇康传》）钟会把嵇康比作华士、少正卯，倒也不算太荒谬，在破坏传统思想道德、对抗专制统治者方面，他们确有相似之处。但说嵇康是条"卧龙"，是司马氏集团篡权大事的主要威胁，则是居心险恶的夸大。从当时整个情势上看，司马氏集团已经占有压倒性优势，力量对比悬殊，嵇康不可能有大的政治作为。不过钟会的这些构煽,无疑说中了司马昭的最大心病——唯恐有人破坏他的篡权大事。

于是,嵇康和吕安不能不死。但是,嵇康作为一个学者、诗人、名士,他的道德、文章在士林学人中极受尊崇。在嵇康入狱之初,即有许多"豪俊"之士愿意陪他一起坐牢,司马昭用了很大气力,才把他们连哄带逼地劝出去。而当宣布嵇康死刑后,更有太学生三千人联名上书,要求赦免嵇康,并提出要他到太学里去当他们的老师。由此可知,司马昭迫害嵇康是何等不得人心。但是,这些救援行动不仅毫无效果,相反,还使司马昭更加认定非杀嵇康不可。"司马昭之心",既是阴谋篡政之心,又是嫉贤害能之心,在消灭异己方面,他不怕冒天下之大不韪。临刑那天,嵇康和吕安被押赴洛阳东市,那是专门处决犯人的地方。嵇康从容镇定,神色自若。他在刑场上顾视日影,尚未到受刑时间,就要来一张琴,当场弹奏了一曲《广陵散》,奏毕感叹说:早先袁孝尼曾要求跟我学这支曲子,我总是不肯教他,《广陵散》于今绝矣!这支名曲就随着这位名士,一道消失在司马昭的屠刀之下,时为景元四年(公元263年)。嵇康死时,只有四十岁,海内之士,莫不为之痛惜。司马昭看到人情如此,也不得不收起他那副刽子手的面孔,装出对此事有所悔恨的样子。

阮籍的一篇"劝进文",同样也决定了他的命运。司马氏再也不来寻他的岔子,他得以安享天年。

至此,阮籍、嵇康在政治态度上的微妙差异,经过长时间的演变,发展为完全不同的结局。嵇康由不满而反抗,成为阶下囚,终于被杀;阮籍由不满而屈服,成为座上客,终于受优待。不过阮籍写"劝进文"毕竟是不得已而为之,主要是他性格软弱的结果,而不是投机取巧、钻营迎奉的表现。他与热衷功名、投靠司马氏的山涛,特别是王戎,还是很不同的。正因此,嵇、阮的结局虽然一个坏一个好,但从最后的精神状态看,似乎又颠倒了过来。嵇康身首异处,临终时却心情泰然,慷慨就义;阮籍虽然得全首领,他的精神状态却似乎就此垮了下来,以致他刚写过"劝进文"一两个月,就在该年(景元四年)年底去世了。可以设想,他在被迫写过"劝进文"以后,内心的愧悔和痛苦是何等厉害。他的死,同这篇"神笔"不无关联。这篇"劝进文"对他本人来说,却是一篇催命书。这一事实,可以看作阮籍还没有堕落为司马氏帮凶的证据。总观其一生,还不失为黑暗政治下的一个贰臣。

对于阮籍、嵇康的为人,后代有很多评论。见仁见

智,所说不一。有的评论者将嵇、阮并称而加以肯定,如陈亮说:

司马氏非有大功于魏也,乘斯人望安之久,而窃其机耳。籍、康以英特之姿,心事荦荦,宜其所甚耻也。而羽翼已成,虽孔、孟能动之乎?死生避就之际,固二子所不屑也。(《三国纪年》)

也有的评论者则将嵇、阮分别加以褒贬,如叶梦得说:

吾尝读《世说》,知康乃魏宗室婿,审如此,虽不忤钟会,亦安能免死邪?尝称阮籍口不臧否人物,以为可师;殊不然,籍虽不臧否人物,而作青白眼,亦何以异?籍得全于晋,直是早附司马师,阴托其庇耳。史言:"礼法之士,疾之如仇,赖司马景王全。"以此而言,籍非附司马氏,未必能脱也。今《文选》载蒋济《劝进表》一篇,乃籍所作。籍忍至此,亦何所不可为?籍著论鄙世俗之士,以为犹虱处乎裈中。籍委身于司马氏,独非裈中乎?观康尚不屈于钟会,肯卖魏而附晋乎?世俗但以迹之近似者取之,概以为嵇、阮,

我每为之太息也。(《石林诗话》)

叶梦得指出阮籍和嵇康政治态度的差异,称赞嵇康,这是不错的。不过,他说阮籍自己也是一只"处乎裈中"的虱子,似乎就有些偏激了。阮籍自有他的弱点,但与那些"礼法君子"到底还是有所不同。"嵇阮"并称,大体上是可以的。

第十一章

# 阮籍的文学成就

在我国文学史上,三国前期出现了一大高潮,史称"建安文学",与之相呼应,三国后期出现了"正始文学"。"正始"是曹魏少帝曹芳的年号,实际上只历十年(公元240—249年),不过人们习惯用"正始文学"来泛指整个魏末(公元240—265年)时期的文学。正始文学在作家作品的数量与文学的总成就上,都不及建安文学那样"彬彬之盛,大备于时"(钟嵘《诗品》),但作为一个特定时期的文学现象,它有着自己的独特风貌,在文学史上具有一定的地位。正始文学中最重要的作家就是阮籍、嵇康,他们二人的成就难分轩轾,所以文学史上常以"嵇阮"并称。但他们又各有所长,互相辉映,共同给正始文学生发光芒。

阮籍既是诗人,也是散文家,还是赋作者。他的诗歌成就主要是《咏怀诗》八十二首,《晋书》本传说:"作《咏怀诗》八十余篇,为世所重。"可见其篇数原来就是这些,至今基本上没有散佚。关于这八十二首诗的具体写作时间，很难坐实，可能如清代吴汝纶所说："阮公……要其八十一章决非一时之作，吾疑其总集平生所为诗，题为《咏怀》耳。"(《古诗钞》)

《咏怀诗》的内容和表现形式上的一些特点，如《文选》李善注曰："嗣宗身仕乱朝，常恐罹谤遇祸，因兹发咏，故每有忧生之嗟。虽志在刺讥，而文多隐避，百代之下，难以情测。"就内容而言，"忧生之嗟"和"志在刺讥"的确在《咏怀诗》中占有很大分量。由于以上各章中已经列举了不少作品，这里不再重复。除了这两大内容，《咏怀诗》中还有自述身世志尚、念友、隐逸神仙等方面的描写。有关身世志尚及隐逸神仙的作品，我们在第一章和第七章中已分别有所引述，这里只介绍两首念友之作。如第三十七首：

> 嘉时在今辰，零雨洒尘埃。临路望所思，日夕复不来。人情有感慨，荡漾焉能排。挥涕怀哀伤，辛酸谁语哉。

诗篇以景物描写结合心理刻画，显示了作者对友人的深切思念。此所思念者为谁？并未作交代，但从末句"辛酸谁语哉"可知，他必定是诗人的同道知友。又如第十七首：

> 独坐空堂上，谁可与欢者？出门临永路，不见行车马。登高望九州，悠悠分旷野。孤鸟西北飞，离兽东南下。日暮思亲友，晤言用自写。

诗篇先从四个角度来写作者对"亲友"的思念之情：先独坐在家等待，再出门去看望，又进一步登高去望，再以"孤鸟""离兽"来比喻自己的心情，这样就把思念的急切情绪渲染得十分浓烈。最后两句在前八句的情绪衬托下，一转而写思念到日暮，终于见到那位"亲友"，心情得以舒畅。此诗写得情绪深厚而形象饱满。

总的来说，《咏怀诗》的题材内容丰富广泛，有些作者在散文中不便写，也不敢写的敏感话题，却在《咏怀诗》里写了。如上文第四章中所列举的几首关涉政治问题的诗即是。所以《咏怀诗》是了解阮籍内心世界、把握其情感脉络的可靠材料，是反映阮籍思想情绪的一面镜子。

《咏怀诗》在艺术方面有两个极为显著的特色，即蕴藉含蓄和自然飘逸。这两点奇妙地融合在一起，形成了独特的艺术风格。

《咏怀诗》的蕴藉含蓄，同李善所说的"文多隐避"有直接关系。阮籍为了避免引起严重的现实后果，亦即为了避开司马氏集团的打击迫害，才把诗篇写得隐约其词的。这种含蓄，同他在生活中"发言玄远""口不臧否人物"的作风是完全一致的。因此，《咏怀诗》的含蓄，既是时代现实的产物，也是阮籍本人的思想作风和处世态度的反映。从艺术创作的角度来看，含蓄不失为一种风格，它的好处是能够避免呆板直露，增加诗的深度与厚度，给读者以联想和回味的余地。例如上面所举的两首念友诗，作者就是不肯明说所念者为何许人，也不说为何思念，他只是着力描写思念得如何殷切，如何焦急，只是暗示他和那人的关系非同寻常。这样的诗，既能让读者有一定的印象，又留下了相当大的空白。这些空白，可以由读者根据自己的理解，去发挥想象给予填补。不过，含蓄过分，也会使主题模糊、思想不清，读者如堕五里雾中，不知其所云，成为一种缺点。《咏怀诗》中有些作品就有此弊，如第十一首：

湛湛长江水，上有枫树林。皋兰被径路，青骊逝骎骎。远望令人悲，春气感我心。三楚多秀士，朝云进荒淫。朱华振芬芳，高蔡相追寻。一为黄雀哀，涕下谁能禁。

此诗多写南方风物，但除了能够大致领略到诗人的一片悲哀心情，它的指意并不清晰，以致后代研究者众说纷纭，莫衷一是。类似情形的诗有十余首，人们读得犹如猜谜。南朝刘宋诗人颜延之所处时代距阮籍不远，只有约二百年，他曾试图解释《咏怀诗》，但结果是"颜延（之）注解，怯言其志"（钟嵘《诗品》），他也难以讲清楚某些诗的意图，怪不得后人就更加难解了。

关于《咏怀诗》的自然飘逸，前人也早有评论。王夫之说："步兵《咏怀》，自是旷代绝作，远绍《国风》，近出入于《十九首》，而以高朗之怀，脱颖之气，取神似于离合之间。大要如晴云出岫，舒卷无定质。"（《古诗评选》）这里指出了《咏怀诗》自然中见生动的特色。形成这一特色的原因是多方面的，如注重抒发情绪，不做刻意雕琢；语言平易朴素，少用奇险字句；命意多在若即若离之间，力避凿实描写；等等。此外，还有一个极重要的因素，就是比兴的使用。《咏怀诗》中大量运用比兴，完全不涉比兴的诗篇极少见，有些诗几乎全篇皆比兴，如第七十九首：

> 林中有奇鸟，自言是凤凰。清朝饮醴泉，日夕栖山冈。高鸣彻九州，延颈望八荒。适逢商风起，羽翼自摧藏。一去昆仑西，何时复回翔。但恨处非位，怆恨使心伤。

此诗初看几乎就是一首寓言诗。诗人自比奇鸟凤凰，又以饮泉、栖冈比志尚高洁，以高鸣、延颈比情趣高远，再以商风（秋风）摧羽翼比现实处境的危难，更以一去昆仑不回比隐遁之志。在做了一连串比兴之后，方明写主旨："但恨处非位，怆恨使心伤。"

《咏怀诗》中不仅比兴运用多，而且在使用方式上也很有特点。这里举第四首为例：

> 天马出西北，由来从东道。春秋非有托，富贵焉常保？清露被皋兰，凝霜沾野草。朝为媚少年，夕暮成丑老。自非王子晋，谁能常美好？

此诗的主题颇简单，就是咏叹光阴荏苒，青春不驻。它的精彩之处在于"天马"二句和"清露"二句。它们与其下的"春秋"二句和"朝为"二句，在意念上不存在直接类比的关系，因此它们不是一般的"比"，而是"先言他物以引起所咏之词"的"兴"。不过仔细玩味，二者之间还是存在着某种关联。因为"天马"二句，隐然写的是汉代故实[1]，在本诗中就营造了一种时间上的长久感和空间上的高远感，这是一种历史性的气氛。在这种氛围下，再来写"春秋非有托，富贵焉常保"，就显得很自然。"清露"二句，表面上也与时间流逝的意思无关，但其中对"露""兰""霜""草"的描写，暗含着一枯一荣的意思，这就为下二句的朝夕之叹做了出色的衬托。正是这种形象鲜明、若即若离的比兴，使整首诗呈现出自然含蓄、飘忽放逸的面貌。总之，阮籍运用比兴多，且有独到之处，对他独特的诗歌风格的形成起了极大作用。

在诗歌史上，《咏怀诗》占有很重要的地位。由八十二首五言诗组成一部庞大的组诗，这本身就是一个有意义的创举、一个巨大的成就。再从五言诗的发展过程上看，建安时期当然是"五言腾跃"（《文心雕龙·明诗》）的里程碑。"三曹""七子"都有许多优秀的五言篇章，尤其是曹植，更是把五言诗推进到备极成熟的境界。阮籍的《咏怀诗》在反映重大社会现实方面是不如

---

[1] 据《史记·大宛传》，汉武帝时得大宛汗血马，名之曰"天马"。

建安诗歌的,但它在个人抒情的深度上、在描写复杂曲折的内心活动上,以及在运用比兴手法上,又有超越前人的建树。所以虽不能说《咏怀诗》全面发展了五言诗,但完全可以说《咏怀诗》创造了五言诗的一个新境界,堪称整个魏晋南北朝时期有代表性的优秀五言诗之一。钟嵘《诗品》将阮籍列入上品,并特别标举"《咏怀》之作,可以陶性灵,发幽思",信非虚美。

阮籍的散文,今存较完整的有十篇,包括书笺、论说文和传。它们在艺术上也取得了相当高的成就,是阮籍文学创作中不可忽略的部分。从艺术性角度来看,十篇散文中最值得注意的是《达庄论》《大人先生传》二篇。《达庄论》的体裁接近于赋,使用主客论难、往复答辩式写法。文中对"客"(即"缙绅好事之徒")和"先生"双方,都有较生动的描写。它写"缙绅"们来时情状:"乃窥鉴[1]整饰,嚼齿先引[2],推年蹑踵,相随俱进。奕奕然步,腼腼然视,投迹蹈阶,趋而翔至[3]。差肩而坐,恭袖而检,犹豫相临,莫肯先占。"把他们拘于"礼法"的矫揉造作的姿态描绘得活灵活现。而写

---

[1] 窥鉴:照镜子。
[2] 嚼齿先引:计算年龄大者在前引导。
[3] 趋而翔至:快步前行,像雁行那样整齐。

"先生"回答时态度是,"于是先生乃抚琴容与,慨然而叹,俯而微笑,仰而流眄,嘘噏精神,言其所见",写出了一副深得自然之致的神情。最后写"缙绅先生"被驳斥而退时情状则又是,"于是二三子者,风摇波荡,相视膈脉,乱次而退,蹐跌失迹,随而望之",一派慌乱失据的丑相。

然而,阮籍最重要的散文著作,还应推《大人先生传》。此文虽名"传",实际上并非真正意义上的传记作品,它同《达庄论》在写法上有些类似,接近于赋。全文以"大人先生"为核心,也以对话方式展开。但此文的结构规模比《达庄论》更加宏大,富于气势。关于此文内容,以上第四章中已有介绍,此不赘述。这里只着重指出它的两点文学价值。第一,全篇在体裁形式上富于变化,大部分段落有类于辞赋格式,也有的段落是论说文格式,甚至还有诗歌格式杂处其间。如第三段的"薪者"所歌("日没不周方"),就是一首五言诗,完全可以入《咏怀诗》而不乱其次,第四段"崔巍高山勃玄云"一节,实际上又是七言诗,同段"真人游"一节,实际上又是三言诗。如此一来,全文虽长,却错落有致,避免了呆板冗滞。第二,文中有的段落运用寓言式的描写很精彩,如第一段"虱处裈中"一节:

且汝独不见夫虱之处乎裈[1]之中,逃乎深缝,匿乎坏絮,自以为吉宅也。行不敢离缝际,动不敢出裈裆,自以为得绳墨[2]也。饥则啮人,自以为无穷食也。然炎丘火流,焦邑灭都,群虱死于裈中而不能出。汝君子之处区[3]内,亦何异夫虱之处裈中乎?悲乎!而乃自以为远祸近福,坚无穷已。

这里揭露"君子"的丑恶本质,批判其伪善自得,非常有力。它同《庄子》中的许多寓言有着相近的特点:尖锐、辛辣、巧妙。从这篇《大人先生传》,我们可以进一步把握阮籍散文的总体风格:不重视对事理的缜密分析与归纳,不重视逻辑的演绎,而是重在表现出一种信念,重在写出汪洋恣肆的气势。

阮籍的赋,今存六篇,题材各异,城市(《元父赋》《东平赋》)、山林(《首阳山赋》)、禽兽(《鸠赋》《猕猴赋》),还有清思(《清思赋》)。它们皆不离忧生隐逸或刺时之旨,如《元父赋》,其序云:"吾尝游元父,登

---

[1] 裈:裤子。
[2] 绳墨:准则。
[3] 区:宇宙天地间。

其城，使人愁思，作赋以诋之，言不足乐也。"真是忧思无端而至。《首阳山赋》在这方面的描写更加典型，该赋作于正元元年（公元254年），阮籍时任大将军从事中郎。他在司马师的大将军府南墙下，北望首阳山而作此赋。赋中写"时将暮而无俦兮，虑凄怆而感心"，忧思重重。又对"秽群伪之射真""竞毁誉以为度"的时俗做了批判，说"此进而不合兮，又何称乎仁义"，并表示"信可实而弗离兮，宁高举而自俟"，愤世嫉俗的情绪相当强烈。此赋的写作，正当司马师杀夏侯玄、李丰、张缉，并把已经长大，有可能收回政柄的魏帝曹芳废掉之时，联系这种背景来思考，赋中表现出的无可名状的忧郁和愤慨都完全可以理解了。两篇禽兽之赋，看起来都含刺讥之意。《猕猴赋》是刺"俗人"的，《鸠赋》则另有深意。其序云："嘉平中得两鸠子，常食以黍稷，后卒为狗所杀，故为作赋。"赋中又写"终飘摇以流离，伤弱子之悼栗。何依恃以育养，赖兄弟之亲戚"，"值狂犬之暴怒，加楚害于微躬，欲残没以糜灭，遂捐弃而沦失"。这里的"两鸠子""弱子"，隐指两少帝曹芳、曹髦，"亲戚"是指曹魏皇室势力，而"狂犬"则是指司马师、司马昭。因此，此赋实际上暗喻着魏室二少帝先后被废杀之事。总的来说，这六篇赋作为抒情小赋，是写得比较成功的。三国后期，赋作者虽不少，但佳作不多。在这种背景下，阮籍的这些作品就显得颇为可观，它们继承了建安时期抒情小赋发展的余绪，成为当时赋作中的佳品。

综上而言，阮籍是我国文学史上一位很重要的诗人、散文家。在魏晋南北朝的文学发展过程中，他和嵇康代表着一个重要阶段——正始文学，尤其是对于五言诗的发展，他做出了卓越的贡献。

第十二章

# 嵇康的文学成就

在正始文学中，嵇康的重要性不亚于阮籍。同阮籍一样，嵇康也是一位诗、文、赋皆能的多面手。嵇康的诗今存五十三首，包括四言诗三十三首、五言诗九首、六言诗十首、骚体诗一首，可见他掌握了多种诗体的创作技能。不过从具体作品来看，他对四言体更为谙熟一些，不仅诗的数量较多，水平也较高，主要有《赠秀才入军》《秋胡行》《幽愤诗》等。《赠秀才入军》是包括了十八首作品的组诗。据李善《文选》注，"秀才"指嵇康之兄嵇喜。不过也有说不是嵇喜的，如张铣《文选》注就说："秀才，叔夜弟。"还有人认为，"秀才"既非兄亦非弟，如葛立方说："考五诗或曰'携我好仇'，或曰'思我良朋'，或曰'佳人不在'，皆非兄弟之称。善、铣所注，恐未必然尔。"（《韵语阳秋》）但从诗本身看，可以判明李善所说大体不差，只是有几首在称谓语气上不像兄弟关系，可能是后人把嵇康给别人的赠答诗误编入的。诗的内容，有写军旅之事的，也有与军旅无关而着重抒写诗人内心感受的。诗篇的写作时间大概是在嵇康的中年时期（三十岁左右），但不是一时之作。其中有几首写得很出色，如第九首：

良马既闲，丽服有晖。左揽繁弱，右接忘归。风驰电逝，蹑景追飞。凌厉中原，顾盼生姿。

把从军者的英武身姿和高超武艺，写得激情亢奋、有声有色。特别是末四句，把军人所向无前的勇猛气概写了出来。又如第十四首：

息徒兰圃，秣马华山。流磻平皋，垂纶长川。目送归鸿，手挥五弦。俯仰自得，游心太玄。嘉彼钓叟，得鱼忘筌。郢人逝矣，谁与尽言。

此诗主旨在于宣泄玄学理想，末四句为玄学家熟用的套语。但从全诗看，还是写出了独特的意境。它从主观感受的角度写景，又从与景物相结合的角度来写人，巧妙地表现了诗人的襟怀和情趣。特别是五、六两句，写得既充满动感，又洒脱飘逸，实中有虚，雅致优美。后世有些学者评论："古人句法极多，有相袭者……若嵇叔夜'目送归鸿,手挥五弦。俯仰自得,游心太玄',则运思写心迥不同矣。"(范晞文《对床夜语》)"'手挥五弦,目送归鸿',妙在象外。"(王士禛《古夫于亭杂录》)据载,这两句诗描写的生动意境,还曾引起东晋大画家顾恺之的创作冲动,但他也觉得要把这种意境变为画作形象,难度不小,他曾说:"画'手挥五弦'易,'目送归鸿'难。"(《世说新语·巧艺》)顾恺之的话,诚深得三昧之论,因为"目送归鸿"关键在于"目送",要表现这种很微妙的神态,对画家来说,确实需要具备很深的功力。

嵇康在四言诗方面取得成功,固然是他个人艺术兴趣和才华所决定的,但也同他注意学习借鉴前代优秀四言作品分不开。在他的借鉴对象中,首先是四言诗的经典作品《诗经》。在嵇康的四言诗中,到处可看到《诗经》影响的痕迹。如《赠秀才入军》第三首:"泳彼长川,言息其浒。陟彼高冈,言刈其楚。嗟我征迈,独行踽踽。仰彼凯风,涕泣如雨。"差不多每一句都源于《诗经》。此外,一些四言诗大家如曹操,对嵇康影响也不小。以《秋胡行》为例,嵇康写作的这一组四言诗[1],显然与曹

---

[1] 杂有五言句,不过诗题又作"重作四言诗七首",所以它们应是四言诗,非杂言体。

操的同题之作（共九首）有关。在内容上，曹作与嵇作都包括三个方面：感叹人生忧患（忧患的具体内容当然不同）、抒发现实政治感慨、向慕神仙长生。在形式上，曹作与嵇作的每解句数、每句字数，以及章法结构，几乎完全相同。为便于了解，下面各举一首做比较：

天地何长久，人道居之短。天地何长久，人道居之短。世言伯阳，殊不知老。赤松王乔，亦云得道。得之未闻，庶以寿考。歌以言志，天地何长久。（曹操《秋胡行》其二）

贫贱易居，贵盛难为工。贫贱易居，贵盛难为工。耻佞直言，与祸相逢。变故万端，俾吉作凶。思牵黄犬[1]，其计莫从。歌以言之，贵盛难为工。（嵇康《秋胡行》之二）

嵇作在艺术形式上显然借鉴了曹作。在《乐府诗集·相和歌辞》中收有《秋胡行》多篇，其中最早的就是曹操

---

[1] 思牵黄犬：此用李斯典故。秦末丞相李斯不识时势，出仕乱朝，被赵高诬陷论罪腰斩。临死前，他对一道受刑的儿子说："吾欲与若复牵黄犬俱出上蔡东门逐狡兔，岂可得乎？"

之作，可知文人首创此曲的就是曹操。其后又有曹丕、嵇康、傅玄、陆机等人的作品，而在诸人之作中，唯有嵇作在形制格式上最近似曹作。

嵇康在四言诗创作方面继踵曹操，与他作为曹操曾孙婿的身份正相呼应。当然，与曹操的四言诗相比，嵇作在气势上还不够雄健，格调也没有那样浑厚，但论到意境的清新、语言的秀美，嵇康自有独到之处。另外，曹操的四言诗与《诗经》的关系更密切，有些诗直接整取"诗三百"成句，如《短歌行》中就有六句。这虽是化用，毕竟不同于创新。嵇康就很注重在借鉴的同时另铸新词，这就使他能够别开蹊径。所以陈祚明说："叔夜诗实开晋人之先。四言中饶隽语，以全不似《三百篇》，故佳。"（《采菽堂古诗选》）

嵇康的五言诗主要有《述志诗》《古意》[1]《答二郭》《与阮德如》等。其中《述志诗》二首与《古意》一首内容略同，都表现诗人要摆脱世俗羁绊，去过隐逸生活的愿望。三首诗的写法亦类似，都以比兴作为基本表现手段。一首自拟为"潜龙"，一首又以"神凤""神龟"设譬，一首则以"双鸾"为描写对象。通过这些神物的

---

[1] 即"双鸾匿景曜"一首，《诗纪》并其为《赠秀才入军》第十九首。

遭遇——"潜龙"受到"鄙议纷流离"而"雅志不得施","神凤"被斥鹦仰笑,"神龟"被坎井所限,"双鸾"则是被"云网""高罗"所羁——比喻世路的危险,以及诗人在现实社会中的困厄。三首诗也都以比兴来表现诗人对"知己"的寻求,"愿与知己遇,舒愤启其微""浮游太清中,更求新相知""逍遥游太清,携手长相随",皆是如此。这三首诗是有一定特色的,钟嵘曾说,叔夜"双鸾","五言之警策者也"(《诗品》)。不过总的来说,嵇康的五言诗写得不算出色,虽然有一定辞采,却显得有些生涩,缺少畅达流转的气韵。

关于嵇康诗歌的总的风格,前人曾指出"峻切"一点来。如钟嵘说:"(嵇康诗)颇似魏文。过为峻切,讦直露才,伤渊雅之致。然托喻清远,良有鉴裁,亦未失高流矣。"(《诗品》)刘勰也说:"嵇志清峻。"(《文心雕龙·明诗》)所谓"峻切""清峻",当指锋芒显露,少含蓄蕴藉而言。从温柔敦厚的"诗教"出发说,这未始不是有伤渊雅的缺点,不过从诗歌艺术的角度看,这也可以说是一种风格,钟嵘的指责不一定全对。当然,嵇康诗有时确实存在过于直露的毛病,而且有时要横发玄论,多少染上一些"正始明道,诗杂仙心"(《文心雕龙·明诗》)的时代流弊,所以与阮籍相比,较少讽咏成诵的名篇。

虽然在诗歌成就上，嵇康不如阮籍，但就散文成就而论，嵇康则又驾阮籍而上之。他不仅数量多（嵇康散文今存书二篇、论说文九篇、箴诫二篇、传赞约六十篇），而且水平也高。他的两篇书信《与山巨源绝交书》《与吕长悌绝交书》，都是散文史上的名作，前面我们已做了专题介绍。而他的论说文，虽然多是玄学论文，但在艺术上也很有特色。嵇康的论说文，词锋锐利，批判性强。除了文章本身论点新颖、反传统色彩较强，还表现在作者经常在辩论的间隙，笔锋一转，把批判的锋芒又指向现实，使论说文不限于抽象的说理论难，而带有批判具体社会现象的性质。如在《释私论》中就写及"谗言似信""激盗[1]似忠"等世态，《难张辽叔自然好学论》中就说及"六经纷错，百家繁炽，开荣利之途，故奔骛而不觉。是以贪生之禽，食园池之粱菽；求安之士，乃诡志以从俗"等俗倩。这些都显示着作者在"游心于玄默"的同时，并未忘情于世事；在从事理论探索的同时，也常常透露出愤世嫉俗的强烈情绪。嵇康的论说文还有一个特点：论辩方式精密。从今天的认识高度来

---

[1] 激盗：言奸盗之人故作激烈慷慨之状。

看，嵇康的论说文中的观点不一定都正确，他在某些文章中颇有些偏执之论。不过，我们不必去苛求古人，而应该看到，他在论说文中都努力地"校以至理"（《答释难宅无吉凶摄生论》），从辨析事物概念名理入手，注意论点论据的紧密结合，以归纳分析为手段，兼顾具体和抽象，把论点讲清讲透。这种论辩方式的进步，虽然是魏晋玄学的普遍特点，但嵇康确有独到之处，像《养生论》《声无哀乐论》等，都体现了这一精密化的特点。所以有人评论《养生论》说："微言旨论，展析隽永，其局致尤为独操。"（《汉魏别解》引杨慎说）有人评论《声无哀乐论》说："以无碍之辩才，发声律妙理，回旋开合，层折不穷。如游武夷三十六峰，愈转愈妙，使人乐而忘倦。"（《汉魏名文乘》引余元熹说）

嵇康的论说文，历来很受推重。晋代李充就认为："研求名理，而论生焉。论贵于允理，不求支离，若嵇康之论，成文矣。"（《翰林论》）近人刘师培又以嵇、阮相比，说："嵇文长于辩难，文如剥茧，无不尽之意，亦阮氏（籍）所不及也。"（《中国中古文学史讲义》）

嵇康的传赞，即《圣贤高士传赞》。关于这些传赞在取材上的独特标准，上文第六章里已经介绍分析过了。从传记文学角度来看，它们之中也不乏优秀篇章，如《亥唐》《屠羊说》《颜歜》《井丹》等篇，描写人物都相当生动，富于个性。如《亥唐》：

> 亥唐，晋人也。高恪寡素，晋国惮之，虽蔬食菜羹，平公每为之欣饱。公与亥唐坐，有间，亥唐出，叔向入。平公伸一足曰："吾向时与亥子坐，腓痛足痹不敢伸。"叔向悖然作色不悦。公曰："子欲贵乎？吾爵子。子欲富乎？吾禄子。夫亥先生乃无欲也，吾非正坐无以养之，子何不悦哉？"

文中虽没有对亥唐做正面描写，但通过晋平公态度的前后变化，表现出亥唐无形的威严。作为一个素士，他能使一国之尊晋平公肃然起敬。而晋平公"伸一足"、叔向"悖然作色不悦"等描写，以及平公的一番话，也显示了这两个人的性格，一个对臣下以恩君自居，一个则心怀嫉妒，有争宠之意。又如《井丹》：

> 丹字大春，扶风郿人。博学高论，京师为之语曰："五经纷纶井大春，未尝书刺[1]谒一人。"北宫

---

[1] 书刺：向尊长者做自我介绍的书信。

五王更请，莫能致。新阳侯阴就使人要之，不得已而行。侯设麦饭、葱菜，以观其意。丹推却曰："以君侯能供美谱，故来相过，何谓如此！"乃出盛馔。侯起，左右进辇[1]，丹笑曰："闻桀、纣驾人车，此所谓人车者邪？"侯即去辇。越骑[2]梁松，贵震朝廷，请交丹，丹不肯见。后丹得时疾，松自将医视之，病愈。久之，松失大男磊，丹一往吊之，时宾客满廷，丹裘褐不完，入门，坐者皆悚，望其颜色。丹四向长揖，前与松语，客主礼毕后，长揖径坐，莫得与语。不肯为吏，径出，后遂隐遁。其赞曰："井丹高洁，不慕荣贵。抗节五王，不交非类。显讥辇车，左右失气。报褐长揖，义陵群萃[3]。"

通过对井丹与新阳侯及梁松交往中的两件事的刻画，写出了人物的"高洁"，主人公的精神风貌跃然纸上。像这种短篇传记，当然不可能与长篇史传（如《史记》中的纪、传）一样，对人物、事件做全面完整的记述和描写，但它们能够抓住某些典型事件，刻画出人物的某个

---

[1] 辇：用人力拉的车。
[2] 越骑：越骑校尉，军职。
[3] 义陵群萃：道义高于许多头面人物。

性格特征，写得精微巧妙，显示出一定特色。因此，嵇康的传赞作为传记文学园地中的一个品类，也应该占有重要的地位。

嵇康的赋，今存唯《琴赋》一篇。在魏晋咏物赋中，它是篇幅较长的作品。此赋曾被誉为"千秋绝调"（《文选集成》引方廷珪语），清人何焯说："音乐诸赋，虽微妙古奥不一，而精当完密、神解入微，当以叔夜此作为冠。"（《义门读书记》）在赋史上，《琴赋》已经是个老题目了，从东汉以来，傅毅、马融、蔡邕等早就写过与此同名之赋，那几篇《琴赋》各有特色，尤其是蔡邕一篇，写得更是声情并茂。而嵇康的这一篇，既吸取了前人诸作的优点，又能跳出窠臼，一方面对琴的制作和弹奏过程做更加精细的描绘，另一方面又"寄言以广意"（《琴赋并序》），借琴抒发作者对现实流俗的抨击和对玄学境界的追求。

总而言之，嵇康无愧为"正始文学"的双擘之一。他的文学成就与阮籍相侔，然而又各有所长。在诗歌方面，阮籍的才华更加突出，而在散文方面，嵇康的贡献又大于阮籍。刘勰说"嵇康师心以遣论，阮籍使气以命诗：殊声而合响，异翮而同飞"（《文心雕龙·才略》），对此，千余年来已成定评。

第十三章

两晋人士的嵇康情结

一代名士嵇康于曹魏景元四年（公元263年）被害。被害的直接缘由一是他为吕安辩冤，触犯人面兽心的相国掾吕巽；二是因他态度高傲，开罪名门公子司隶校尉钟会。而相国者司马昭也，时正大权在握，加紧准备篡政。吕巽"有宠于司马文王"（《三国志·杜恕传》注引《世语》），钟会亦为司马昭心腹，遂进谗言诬陷嵇康。嵇康被害的根本原因，则是他为人正派，对司马氏的篡权阴谋及其杀戮异己的行为深为反感，又加之他原为曹氏皇室姻亲，政治上颇为司马昭所疑忌，以致横遭杀害。嵇康被害，为司马昭严重恶行之一，是对时代文化精英的摧残，是司马昭"莫予毒也"的黑暗凶残本质的暴露。此事当时即极不得人心，事后嵇康更受到人们长久怀念。尤其在两晋，对于嵇康之怀念心祭，竟成为当时一个重要文化现象，成为一大批知名人士难以化解的情结。

嵇康被害一事，其无辜受祸性质极为明显，以故当时除司马昭及其鹰犬外，社会同情全在嵇康一边。史载："康之下狱，太学生数千人请之。于时豪俊皆随康入狱，悉喻解，一时散遣。"（《世说新语》注引王隐《晋书》）又载："太学生三千人上书，请以为师，不许。"（《世说新语·雅量》）如此众多人士起而公开表态，并以"随康下狱""请以为师"的强硬方式声援解救嵇康，可谓兹事亘古未闻。嵇康受到众多人士以如此激烈的方式的支持，也表明了他作为一代名士的个人魅力非常强大。不过这种出于人类良知的支持声援，在怀着黑暗心理的司马昭面前，无疑难以奏效。实际上，这种支持声援不但不能救助嵇康，而且适足以加速嵇康之死。因为司马昭从中看到了嵇康的社会影响力有多么巨大，使之对嵇康的潜在力量怀有更大的恐惧。

司马昭虽然以野蛮手段消灭了嵇康的肉体，却无法磨灭嵇康的精神。最初的怀念就发生在嵇康被害之魏末，来自嵇康的挚友向秀。秀撰《思旧赋》，所谓"旧"，即指嵇康。赋有序，为文学史上名篇，兹不赘引。总之，序中对嵇、吕二人之"才""志""心"皆予以称扬，而对嵇康"临当就命"的镇定自若的表现更表钦佩。序中又"追思曩昔游宴之好"，表达了对故友的深情怀念。赋中写出一片凄厉情绪，哀婉动人。此赋作于向秀赴洛

阳见司马昭途中,"余逝将西迈"即指其行。向秀到洛阳见司马昭,其事由及过程据载:

> ……后康被诛,秀遂失图。乃应岁举,到京师,诣大将军司马文王,文王问曰:"闻君有箕山之志,何能自屈?"秀曰:"常谓彼人不达尧意,本非所慕也。"一坐皆说。(《世说新语》注引《向秀别传》)

向秀原是"竹林七贤"之一,玄学修养甚精。他对嵇康素敬佩,康好锻铁,秀即为之鼓排。钟会往访嵇康,秀亦在场。自某种程度上说,向秀亦一嵇康追随者。康被害后,作为与嵇康、吕安"居止接近"的好友,向秀肯定受到极大压力,他的"乃应岁举",当是不得已而为之。关于向秀的应举时间,《向秀别传》云"诣大将军",而司马昭由"大将军"转拜"相国"是在景元四年十月(见《晋书·文帝纪》),同时赋序也云"寒冰凄然",可知其应举并赴洛时间当在该年十月,亦即嵇康被害当年(公元263年)不久。按一般情况,州、郡"岁举"人士颇多,且未必为重要人物,以故未必皆能受最高统治者接见。向秀于此时受到荐举并受"大将军"亲自接见，意味着他事实上早被司马昭注意，此行的实际意义绝非一般性人才荐举，而是强迫他向司马昭当面做出政治表态。看来向秀性格上有其弱点，在司马昭的淫威逼迫下，不得不屈服，以"不达尧意"云云，表示愿意改变态度，接受在司马昭之下任职，以致司马昭及其部下们"一坐皆说"。然而高压下的表态并不意味着解决了一切问题，相反，向秀内心的痛苦悲伤更加深切。《思旧赋》即他内心思想情感的真实表露，他对嵇康的友情与景仰，是永远不能消除的精神存在。"叹《黍离》之愍周兮，悲《麦秀》于殷墟"，"停驾言其将迈兮，遂援翰而写心"，深深悲悯发自肺腑，表明他对挚友的深长思念，故国《黍离》《麦秀》之思，又暗含着对司马氏篡政的不满，这才是向秀真正的态度。《思旧赋》虽然写得较为含蓄，且如鲁迅指出"刚开头却又煞了尾"（《南腔北调集·为了忘却的纪念》），甚是短小，未予以发挥，似乎意犹未尽，但是应当理解到，此赋的写作是在严重的政治恐怖气氛之下进行的，向秀在即将晋见司马昭前夕，特地"经其旧庐"，作此"思旧"之赋，本身便是一件颇冒险的行动，表现出相当大的勇气。须知当初嵇康被下狱，当作口实的也就是吕安的一封稍含不满之词的书信。欲加之罪，何患无辞？况有此"思旧"之赋乎！以故此赋实在是向秀在赴洛见司马昭（此行意味着屈服）前的内心独白，是向故友英魂求得理解的心祭之文。此为嵇康遇害后仅数月产生的怀念之赋，是表现"嵇康情结"文学作品之第一篇。

嵇康被害之后仅两年，司马昭死，其子司马炎即通过"禅让"全面夺取政权，建立了晋朝。此时司马昭已被追尊为"文帝"，其作为本朝"先帝"的神圣地位已正式确立。在西晋王朝体制下，有关司马昭的种种表敬及避讳规制亦得以正式推行。如在称呼问题上，便不得直言司马昭之名，须称其庙号，凡称"昭"之人名，皆须讳改，吴国人韦昭亦须改称"韦曜"（见陈寿所撰《三国志·韦曜传》等），甚至历史上的王昭君亦须称作"王明君"（见石崇所撰《王明君辞》等）。任何对"先帝"司马昭的不敬，此时皆意味着对"今上"的冒犯，对"皇统"的不忠，此不言自明。然而，即使在如此政治大背景下，人们却仍未忘却被司马昭所杀害的嵇康。纵观西晋五十余年，不断有人在触犯禁忌，念念不忘地言及嵇康，以或明确或隐晦的方式，表达对嵇康的肯定和赞美。

西晋人士中怀有嵇康情结者，除向秀外，尚有山涛、王戎、夏侯湛、陈寿等。先述王戎。据载：

王戎云:"与嵇康居二十年,未尝见其喜愠之色。"(《世说新语·德行》)

有人语王戎曰:"嵇延祖卓卓如野鹤之在鸡群。"答曰:"君未见其父耳!"(《世说新语·容止》)

王濬冲为尚书令,着公服,乘轺车,经黄公酒垆下过。顾谓后车客:"吾昔与嵇叔夜、阮嗣宗共酣饮于此垆。竹林之游,亦预其末。自嵇生夭、阮公亡以来,便为时所羁绁。今日视此虽近,邈若山河。"(《世说新语·伤逝》)

王戎为"竹林七贤"之一,他发表此类言论的时间无从确考,约在西晋前期晋武帝世。自其所说内容看,则既有关于嵇康品德修养的赞颂,亦有关于嵇康风度容止的叹美,以及本人与嵇、阮等人一段亲密交情的回忆。总之,这些言论足以表明王戎对嵇康的敬仰与思念。关于第三则所记,内容不尽可靠,《世说新语》注引《竹林七贤论》曰:"俗传若此。颍川庾爰之尝以问其伯文康,文康云:'中朝所不闻,江左忽有此论,皆好事者为之也。'""文康"为庾亮谥号,作为出身世族的东晋大臣,所辨或有一定依据。然而即使庾亮之辨属实，此则内容为"江左""好事者"所造，亦适足以表明江左人士对嵇康等"七贤"的"伤逝"心态。"情结"所在，方有"好事者"出而"为之"。

再述山涛。据载：

> 山公曰："嵇叔夜之为人也，岩岩若孤松之独立；其醉也，傀俄若玉山之将崩。"（《世说新语·容止》）

> 嵇康被诛后，山公举康子绍为秘书丞。绍咨公出处，公曰："为君思之久矣。天地四时，犹有消息，而况人乎？"（《世说新语·政事》）

这里有对嵇康容止风神的赞美，更有对康子嵇绍的荐举。山涛其人，亦"竹林七贤"之一，与嵇康等为"忘言之契"（《晋书·山涛传》）。山涛曾举康自代吏部郎一职，而嵇康拒绝，并作《与山巨源绝交书》，剖述出处问题上的见解。山涛虽亦"性好《庄》《老》，每隐身自晦"（《晋书·山涛传》），但他四十岁后出仕，颇得司马氏信用，以致与嵇康等人产生分歧。不过尽管存在分歧，彼此的友谊并未根本动摇，以故"康后坐事，临诛，谓子绍曰：'巨源在，汝不孤矣。'"（《晋书·山涛传》）由此可知，嵇康对于山涛为人，始终信任不疑，所以临终托孤于山涛。而涛亦不负故友信任，始终在为嵇绍的前程着想，"为君思之久矣"，话语中蕴含的感情分量，可谓一字千钧！又据《世说新语》注引王隐《晋书》载："时以绍父康被法，选官不敢举。年二十八，山涛启用之，世祖发诏，以为秘书丞。"由于嵇康之事，当时其他"选官"皆"不敢举"嵇绍，而山涛出面荐举，这是要冒风险的。而嵇绍作为"罪人"之子受到荐举，此时不能不存有疑惑，"绍惧不自容，将解褐，故咨之于涛"（《世说新语》注引《竹林七贤论》）。他首先想到的就是去找山涛，请他指陈利害，决定去就，由此亦可见嵇绍对山涛的信任。总之，在荐举嵇绍一事上，山涛的表现值得称道，而他的基本出发点即不负嵇康，其心苍天可鉴！

　　王戎、山涛二人，品德作风上各有瑕疵，此为事实。但二人，尤其是山涛，在对待嵇康问题上的表现则颇著信义。他们虽皆不敢言及嵇康之死，更不敢涉及司马昭等加害嵇康之事，但都正面赞美嵇康、思念嵇康。当时如此言行，实际上已经犯讳。

再述夏侯湛。湛为西晋著名文士，诗文皆擅，尝与潘岳同游，洛阳人称"连璧"。湛曾祖为曹魏名将夏侯渊，故与曹魏皇室有亲，或许因此之故，他在西晋仕途偃蹇，仅备位郎署，时人咸以为屈。夏侯湛的嵇康情结表现有些特殊，所撰《猎兔赋》，述田猎驰骛过程甚详，而赋末则作：

息徒兰圃，秣骥华山。目送归鸿，手挥五弦。优哉游哉，聊以永年。

前四句皆出自嵇康《赠秀才入军》第十四首，袭用成句甚明。夏侯湛于此大概别有用心，其意恐与本人身世及遭遇有关，以袭用嵇康诗句，曲折表达内心的不满与愤慨。

再述陈寿。嵇康被害时，陈寿尚在蜀汉。蜀灭数年后，入洛阳为著作郎，撰写《三国志》。书中不为嵇康（及阮籍）设传，唯于《王粲传》中述"建安七子"之后，附说数语：

时又有谯郡嵇康，文辞壮丽，好言老、庄，而尚奇任侠。至景元中，坐事诛。

此又西晋前期人慎言嵇康事一例。所写"坐事诛"三字，既无致死事由，亦无有关人名，如吕安、钟会、吕巽、司马昭，甚浑沦含糊。然而此外所说"文辞壮丽，好言老、庄，而尚奇任侠"，皆正面赞颂语，显示陈寿对嵇康实颇景仰心仪。夏侯湛、陈寿的情况与前三人不同，他们与嵇康本人并无交往过从，也无直接关系。尤其是陈寿，可以说完全是局外人。但他既欲撰写三国"信史"，即难以回避嵇康问题。他深知此事利害，为此他表现谨慎，文章极简略，且对敏感问题不措一语。然而，他也不禁要为嵇康的才情、风神表示赞叹，因为他毕竟是一位"事多审正"（裴松之《上〈三国志〉注表》）、"明乎得失"（《晋书·陈寿传》）的史学家，他要对历史负责。

在西晋政权盛时谈论嵇康，无疑十分敏感，因此上举诸人的有关言论也就显得态度谨慎，尤其不谈嵇康之死的问题。然而无论如何谨慎，人们的确在言及嵇康、思念嵇康，"情结"的存在不容置疑。在以上五人中，向、王、山三人的"情结"表现比较强烈，此可以从他们与嵇康密切的个人关系中得到解释——他们原是嵇康故友。而向秀与王戎、山涛之间，亦存在微妙差异，即向秀的"情结"以悲悼为主，王戎、山涛的"情结"以赞颂为主。表面看，王戎、山涛公然发表赞扬嵇康的言论，为之高唱颂歌，胆量显得甚大。此中实有原因，主要是王戎、山涛的处境与向秀完全不同，二人政治上皆深得司马氏信任。在魏晋之交政治斗争的关键时刻，山涛曾为司马昭大将军从事中郎，王戎曾为司马昭相国掾，堪称心腹，以故二人以功臣身份入晋，政治地位甚高，且十分稳固。山涛历任吏部尚书、尚书仆射、侍中、司徒等，王戎历任豫州刺史、光禄勋、太子太傅、中书令、司徒等。晋武帝司马炎对二人皆颇优宠，王戎曾因受贿为司隶校尉所纠，得帝亲自出面袒护，终不加罪；山涛更是数次受到司马炎的优渥表彰，司马炎待之若先辈元老，事皆见于《晋书》本传。以故二人有恃而无恐，发言议论也就较少忌惮。至于夏侯湛、陈寿二人，"情结"表现比较隐晦，原因是二人并无政治实力，更无靠山，对于政治敏感问题自然需要小心处理，谨慎表态；又因二人与嵇康本无特别关系，以故感情色彩相对淡薄一些。不过也正因此，夏侯湛、陈寿的"情结"就更值得重视。他们官职稍低，主要身份是文士，地位更接近于百姓，只凭个人是非感和道德心来对历史做判断，所以他们的好恶爱憎也就更能代表社会良知，代表民心。

西晋王朝只维持了五十余年，便在"八王之乱""五胡乱华"中未寿而正寝。紧接着的便是僻处江左的东晋王朝。东晋士人的"嵇康情结"并未随着年代的推移而断绝，相反有增无已，主要表现为涉及人数的增多和情感强度的增大。人数增多和强度增大的原因，无非是因西晋毕竟存在着政治忌讳，嵇康情结没有得到应有的释放和宣泄，而东晋的社会政治环境则有利于释放和宣泄。东晋政治环境的最大特点，即司马氏政权虽得以延续，但皇室的衰落式微极为显著。东晋百年中，实行的是典型的士族政治，王、谢、桓、庾等大族在绝大部分时间里控制着朝政。强臣执政，皇室缀旒，甚至皇帝被撤换，这在东晋司空见惯。司马氏皇室也尝到了其祖先曾在曹魏后期所干过的勾当带来的滋味。当时朝野中的某些人士，对于西晋覆亡这一重大事态不能不有所反思，对于西晋的政治得失也颇有检讨。既有反思和检讨，便不能不涉及皇室的政策和行为，同时也不免要涉及司马懿、司马师、司马昭"三祖"的行为。如此追根溯源的结果，只能增加人们对司马氏父子当初阴谋篡政、杀戮异己行为的憎恶。据载：

王导、温峤俱见明帝，帝问温前世所以得天下之由。温未答，顷，王曰："温峤年少未谙，臣为陛下陈之。"王乃具叙宣王创业之始，诛夷名族，宠树同己，及文王之末，高贵乡公事。明帝闻之，覆面著床曰："若如公言，祚安得长！"(《世说新语·尤悔》)

这是两位大臣与皇帝之间所做的反思和检讨。丞相王导直叙司马氏父子当年种种恶行，包括大逆不道弑君之事，明帝听了羞愧难当，无颜见人！自王导能够在皇帝面前"具叙"司马氏祖先种种恶行来看，司马氏皇室权威的沦落确已够惨，并且也证实了"王与马，共天下"的民谣。此事在西晋绝无可能，即使如丞相三公者流，亦断不敢当着君面"具叙"帝室先祖之丑恶。此则记载，实表明东晋政治忌避虽然并未完全消失，但在程度上已不能与西晋相提并论。皇室威势既已去，政治忌避亦已减少，在此背景下，嵇康情结遂更加发展。连"高贵乡公事"都可以谈论，嵇康事有何不可说？

这里首先要说及的还是王导。据载：

旧云，王丞相过江左，止道声无哀乐、养生、言尽意三理而已，然宛转关生，无所不入。(《世说新语·文学》)

此则本意在言王导玄学修养深湛。所说"三理",皆玄学重要命题。然而三理之中,前二理皆嵇康首先提出并予以辨析论证(见其所撰《声无哀乐论》《养生论》)。王导"止道"此三理,表明他对嵇康(以及欧阳建)思想著作的喜好和熟稔。王导既"止道"此三理,则亦不能不"道"及嵇康。南梁刘孝标注此则,即引出嵇康名字及相关著作要旨,表明凡道此三理,必连带道及嵇康。王导对嵇康及其玄学理论的爱好,标志着嵇康情结已感染到了这位丞相。联系到上述王导对明帝说"前世"之事,可以推想,他在所"具叙""诛夷名族"项内,无疑亦"叙"及杀嵇康事,因嵇康为魏末名士中最著名者。

其次应说李充。充为东晋初著名学者、文学家,有诗、赋、文等,所撰《翰林论》,为文论史上重要著作。李充有《吊嵇中散》文,文中对嵇康极表景慕:

先生挺逸世之风,资高明之质。神萧萧以宏远,志落落以遐逸。忘尊荣于华堂,括卑静于蓬室。宁漆园之逍遥,安柱下之得一。寄欣孤松,取乐竹林;尚想蒙庄,聊与抽簪……嗟乎先生!逢时命之不丁。冀后凋于岁寒,遭繁霜于夏零。灭皎皎之玉质,绝琅琅之金声。援明珠以弹雀,损所重而为轻。谅鄙心之不爽，非大雅之所营。

文章清切沉着，悲风萧瑟，在赞颂嵇康"邈世之风"及"高明之质"的同时，亦对其死于非命深表痛惜。文中谓嵇康"遗大以出生""殉小而入死""援明珠以弹雀，损所重而为轻"，表现出其对嵇康被害一事之理解尚欠深刻，虽指吕巽、钟会等为"雀"，却以为嵇康与之计较，事有不值。不过此为嵇康身后的第一篇吊文，文中不仅赞美嵇康，且明确为嵇康之死鸣不平，此点已经超越西晋诸人。李充又有《九贤颂》，"九贤"指汉魏间九位名士，包括郭泰、管宁、陈寔、华歆等，亦含嵇康。这些人或服膺儒术，或宗奉道家，思想倾向不尽一致，但有一共同点，即皆以"有道""懿德"闻名。李充对"九贤"礼赞有加，谓其"慧心秀朗""履稚依仁""诞纵淑姿"云云，其中以对嵇康赞颂最高，谓："肃肃中散，俊明宣哲。笼罩宇宙，高蹈玄辙。"其措辞之高，无以复加。李充在两篇作品中写及嵇康，此点亦颇说明嵇康在其心目中的崇高地位。需要指出一事，李充曾任王导丞相掾，其嵇康情结之形成，可能受到王导相当影响。

其次又有孙盛。盛年寿颇长，生活年代自西晋末直到东晋中期，先后曾任陶侃、庾亮、庾翼、桓温等大臣掾属,官至长沙太守。他是东晋前、中期著名学者及史学家,撰有《魏氏春秋》《晋阳秋》两部重要史书。在此二书中,孙盛述嵇康事甚详,有关嵇康生平、思想、作风,皆有所载。而对于嵇康得罪及罹祸经过,更有具体记述,文多不能全引,归纳言之,则有以下五事:(一)"(钟)会至,不为之礼","会深衔之";(二)"大将军尝欲辟康,(康)避之河东";(三)"(山涛)举康自代,康答书拒绝,因自说不堪流俗,而非薄汤、武";(四)"(吕)巽淫(吕)安妻徐氏,而诬安不孝,囚之。安引康为证,康义不负心,保明其事";(五)"钟会劝大将军因此除之,遂杀安及康"。应当说,关于嵇康被害的有关人、事及其过程,皆已写出,司马昭("大将军")及其走狗钟会、吕巽等的丑恶面目,亦已暴露无遗。由于《魏氏春秋》原书已散佚,此段文字今存于《三国志》裴注之中,附于《三国志·王粲传》内。以孙盛此文与陈寿《魏志》写嵇康之文相比照,则成明显差异:孙文详而陈文略,篇幅相差几乎三十倍;孙文态度明朗而陈文态度隐晦,读孙文则全部事态基本皆已明白。今存有关嵇康的最早较详史料,主要出自孙盛之手,由此不妨说,孙盛为嵇康事迹传世之大功臣。当然,与王导对明帝所"具叙"的内容相比,也许孙盛所记并不更多，但王导只是口述，孙盛则是文字记载，故流传更广、影响更大。孙盛能够做到此点，当然与前述东晋政治忌避减少、大气候宽松有关，同时亦是他坚持史家直书传统的表现。《晋书》本传谓孙盛"《晋阳秋》词直而理正，咸称良史焉"，又载他为写东晋当代史事，竟不怕开罪权臣桓温，即使桓温发出威胁，仍坚持不肯改写。此亦见其"良史"本色。

与孙盛先后大略同时之西晋末东晋初史学家，尚有王隐、虞预、朱凤三人，皆撰有同名《晋书》。三书皆已散佚，今仅存佚文。自佚文观，王隐、虞预两家皆有嵇康传，然所存文字不多，不及孙盛《魏氏春秋》所写详尽；朱凤之书则佚文更少，已无关于嵇康文字。总观孙、王、虞、朱四家所撰魏晋历史著作，至少有三家为嵇康立传，而且基本倾向明确，皆持批判司马昭、钟会、吕巽立场。可知至西晋末东晋初，有关嵇康之历史是非大体上已形成社会共识，一般史家亦有定论。司马氏皇统的存在，对此时一般史学家已经不起很大制约束缚作用，此点与西晋初陈寿的情况有根本不同，故不必隐晦其事浑沦其词了。

其次应说及孙统、孙绰兄弟。二人实为孙盛从兄弟，皆孙楚之孙。统、绰二人，为东晋前、中期著名玄言诗人，名声不小，王羲之兰亭雅集，皆为座上客。孙绰有玄学论文《道贤论》，文中将"天竺七僧"比作"竹林七贤"，而将帛法祖与嵇康并提。其词曰：

> 帛祖衅起于管蕃，中散祸作于钟会。二贤并以俊迈之气，昧其图身之虑。栖心事外，轻世招患，殆不异也。

帛法祖本姓万，少发道心，出家于长安，研习佛经，妙入幽微，为西晋名僧。惠帝末，中原大乱，遂依秦州刺史张辅，辅令法祖反服还俗，任己僚佐，法祖不允，由此结憾，又受管蕃所诬陷，终于被害。帛法祖才情经历，颇似嵇康，比之颇为切合。而文中称之为"二贤"，又赞扬其"俊迈之气"，同时又斥管蕃、钟会起衅、作祸，是非分明。作为玄学家的孙绰，颇致力于儒道佛之融合，所撰《喻道论》中明确提出"周孔即佛，佛即周孔，盖外内名之耳"，故以名僧与名士相比拟，其意皆出于赞颂甚明。东晋时期援佛入玄风气甚盛，为东晋玄学重要特色之一。孙绰的做法，实为嵇康情结在东晋的特殊表现形态，带有明显的东晋时代特点。

孙统言及嵇康文字，据《陶渊明集》所收《集圣贤群辅录》"七贤"条云"袁宏、戴逵为传,孙统又为赞"可知,统曾撰《七贤赞》。查今存孙统文(《全晋文》卷六十),不见此赞,盖已佚。据此又知戴逵亦曾撰《七贤传》,然亦不存,唯知有其事而已。

其次应说及袁宏及其妻李氏。宏为东晋中期著名文士,所撰《东征赋》《三国名臣序赞》等,文章绝美,颇收时誉。宏有《七贤序》,为所作《七贤传》序文,今存仅有阮籍、嵇康、山涛三则,其序言及嵇康曰:

中散遣外之情最为高绝,不免世祸,将举体秀异,直致自高,故伤之者也!

这里首先说嵇康"最为高绝",推崇备至。然后说嵇康的罹祸原因为"直致自高",意谓高者易折也。此虽未指名司马昭、钟会者流,实际上已表达了对置康于死地的势力的否定。袁宏《七贤序》,实即《竹林名士传叙》。(见严可均《全晋文》卷五十七)而关于《名士传》(即《竹林名士传》),有记载谓:

袁彦伯作《名士传》成,见谢公,公笑曰:"我尝与诸人道江北事,特作狡狯耳,彦伯遂以著

书。"(《世说新语·文学》)

可知袁宏撰《名士传》是受了谢安的启发，其中不少素材可能就从谢安处听得。谢安身为太傅，位高言重，对于"江北事"，包括魏末之事持论稍为谨慎，不愿公开发表，只在非正式场合"与诸人道"，且自谓"特作狡狯耳"，意为"讲讲笑话罢了"。不过无论公开不公开，"狡狯"不"狡狯"，谢安总是"道"过"江北事"，然后由袁宏写出。所以看来谢安同样也熏染上了嵇康情结。

袁宏妻李氏，撰有《吊嵇中散》。其文曰：

宣尼有言曰：惟仁者能好人，能恶人。自非贤智之流，不可以褒贬明德，拟议英哲矣。故彼嵇中散之为人，可谓命世之杰矣。观其德行奇伟，风韵劭邈，有似明月之映幽夜，清风之过松林也。若夫吕安者，嵇子之良友也；钟会者，天下之恶人也。良友不可以不明，明之而理全；恶人不可以不拒，拒之而道显。夜光非与鱼目比映，三秀难与朝华争荣。故布鼓自嫌于雷门，砾石有忌于琳琅矣。嗟乎道之丧也，虽智周万物，不能违颠沛之难。故存其心者，不以一眚累怀；检乎迹者，必以纤芥为事。慨达人之获讥，悼高范之莫全，凌清风以三叹，抚兹子而怅焉。闻先觉之高唱，理极滞其必宣。候千载之大圣，期五百之明贤。聊寄愤于斯章，思慷慨而炫然。

吊文对嵇康的推尊诚服之意，又过于袁宏之文，"德行奇伟，风韵劭邈"，"达人""高范""命世之杰"，所下皆极高赞语。连及吕安，亦以为是"良友"。对于钟会，则直斥之为"恶人"。吊文又以为嵇康对吕安和钟会之态度亦极正确，因为"良友不可以不明，明之而理全"，"恶人不可以不拒，拒之而道显"。文末对嵇康之死极表痛悼愤慨，而"闻先觉之高唱"四句，明确表示要翻此冤案，历史必将做出公正判断。在嵇康之死此一敏感而激动人心的话题上，东晋文士颇有所说，然以是非之鲜明、态度之强烈论，则李氏此文超过李充《吊嵇中散》一文，亦超过其夫袁宏的序文，为东晋一代之最。而文章本身亦流贯畅达、气韵充盈、骨力强劲。不意闺阁之中，竟有此义肝侠胆奇女子！

由李氏而应说及另一位才女，谢道韫。道韫才情，世所盛传，而亦撰有《拟嵇中散咏松》诗一首：

> 遥望山上松，隆冬不能凋。愿想游下憩，瞻彼万仞条。腾跃未能升，顿足俟王乔。时哉不我与，大运所飘摇。

说不尽的嵇中散！而且作者又是一位闺阁中人！不过此诗非直写嵇康故事，而是"拟"嵇康之作，所拟者实为嵇康《游仙诗》：

> 遥望山上松，隆谷郁青葱。自遇一何高，独立迥无双。愿想游其下，蹊路绝不通。王乔弃我去，乘云驾六龙。飘摇戏玄圃，黄老路相逢。授我自然道，旷若发童蒙。采药钟山隅，服食改姿容。蝉蜕弃秽累，结友家梧桐。临觞奏九韶，雅歌何邕邕。长与俗人别，谁能睹其踪。

嵇康之诗咏神仙，实咏本人出世"长与俗人别"的理想。谢道韫之诗题虽作"咏松"，实亦咏嵇康生不逢时，"大运"不济。而前半"遥望""瞻彼"云云，比兴之中充满景仰企羡之情。此诗表现出谢道韫强烈的是非感和豪杰气。

最后应说及东晋末著名艺术家顾恺之。恺之以"三绝"名世:"画绝,文绝,痴绝。"(《世说新语》注引《文章志》)恺之与嵇康亦颇有因缘,首先他爱好嵇康诗,并为之作画,曾谓:"画'手挥五弦'易,'目送归鸿'难。"(《世说新语·巧艺》)所云"手挥""目送"二句,出自嵇康《赠兄秀才入军》第十四首,此语既道出绘画中形似与神似的关系,得丹青艺术真谛,亦表明恺之为嵇康真知音。其次,恺之又曾以己赋比嵇康之赋:

恺之博学有才气,尝为《筝赋》成,谓人曰:"吾赋之比嵇康琴,不赏者必以后出相遗,深识者亦当以高奇见贵。"(《晋书·顾恺之传》)

所谓"嵇康琴",当指嵇康《琴赋》[1]。恺之以己作《筝赋》与嵇康《琴赋》相比,认为可能得到两种评价:一为"不赏者"评价,因己赋比嵇赋后出,所以将被"相遗"(即"不取"之意);一为"深识者"(即"赏者"之意)评价,将因己赋"高奇"而被"见贵"。由于顾恺之是以嵇康作品为样板来做对比性评估,所以其"高奇"评语,实亦自嵇康《琴赋》发出。恺之本人之意,

---

[1]《世说新语·文学》亦载此事,正作"嵇康《琴赋》"。

当然是后一种评价，亦即他的《筝赋》可与嵇康《琴赋》相埒，同是"高奇"之作。可知顾恺之至少在辞赋创作上，自拟于嵇康。谢道韫、顾恺之的表现，说明嵇康情结至东晋后期，已由对嵇康本人的仰慕和对其冤狱一事的同情，扩展而及于作品模仿和比附。至于《陶渊明集》中所见《集圣贤群辅录》，其中有"竹林七贤"之条，亦有嵇康之名。然此"录"是否为陶渊明所撰，颇存疑问，姑置而弗论。

　　以上缕述东晋"嵇康情结"，所涉及人物有王导、谢安等朝廷首辅，亦有如王隐、虞预、孙盛等史学家，尚有如李充、孙绰、孙统、袁宏、戴逵等文士，更有如顾恺之这样的艺术家，甚至还包括袁宏妻李氏、谢道韫两位女作家，诚可谓各界人士，皆在彀中了。"情结"的传染力，不可谓不强！

　　司马氏父子于魏末杀戮异己颇多，而最令人愤慨扼腕切齿者莫过于杀害嵇康。嵇康受到自向秀至顾恺之如此众多人士的同情缅怀，非偶然也。除了案情本身显为无辜蒙冤受害，更重要的是嵇康为人，魅力巨大，在当时以及两晋士大夫中享有极高名望声誉。

　　嵇康其人，颖慧过人，学不师授，博洽多闻，工诗文，才名早播。在魏末玄学潮流中，他是中坚人物之一，其思理精微，妙绝时人。他又善音律，为当时最著名的音乐理论家及演奏家。他还是一位造诣甚深的书法家，据唐代张怀瓘谓："叔夜善书，妙于草制，观其体势，得之自然，意不在乎笔墨。若高逸之士，虽在布衣，有傲然之色。"（《书断》）他又是画家，据载，唐代尚存其两幅作品《巢由洗耳图》《狮子击象图》。总之，嵇康是位全能型才士，此其魅力所在一。

嵇康又是美男子，史载康"身长七尺八寸，风姿特秀。见者叹曰：'萧萧肃肃，爽朗清举'"（《世说新语·容止》），"（康）伟容色，土木形骸，不加饰厉而龙章凤姿，天质自然"（《世说新语》注引《康别传》）。嵇康的相貌被誉为"龙章凤姿"，此为最高级赞语，可知时人对他心仪推许到何等程度。"容止"为汉末兴起的人物品鉴之一目，备受魏晋士子重视，名士领袖如郭林宗等，皆以"容貌魁伟"（《后汉书·郭林宗传》）为人所仰，以为容止中可见风神。所以时人看嵇康，"正尔在群形之中，便自知非常之器"（《康别传》）。此其魅力所在二。

当然，嵇康的魅力更重要的还在于其人格。山涛谓"嵇叔夜之为人也，岩岩若孤松之独立"，此非仅形容其外表，实亦概括其品格：高洁、正直、孤傲、特立独行。

孤松独立，作为理想品格的象征，在刘桢等文士笔下，早有歌咏赞颂。其所体现的孤高精神，向为汉魏以来的名士所崇仰追求，并成为汉末以来人物品鉴中最受推重的品格。汉魏间清流名士，大率如此。如汉末"三君"之首陈蕃，"性方峻，不接宾客，士民亦畏其高"（《后汉书·陈蕃传》）；"三君"之一窦武，"清身疾恶，礼赂不通"（《后汉书·窦武传》）；"八俊"之首李膺，"风格秀整，高自标持"（《世说新语·德行》），等等。嵇康的孤高人格，正与诸清流前贤略同，而其表现则主要是与司马氏集团持不合作态度，颇有"抗节王侯"之风。

总之，嵇康天才卓出，"风姿清秀，高爽任真"（《北堂书钞》引臧荣绪《晋书》），又特立独行，其风采魅力，实汉末以来诸名士所难伦比。加之其悲剧结局，更增添人们无限景仰同情，遂成为诸多士子，甚至闺阁中人的偶像式人物。此为"嵇康情结"产生之基础及出发点，诚如袁宏妻李氏《吊嵇中散》所云："理极滞其必宣！"而两晋"嵇康情结"的不断发展及演变，自以上所勾勒的大致脉络中可知，亦已成为不同时期时势变易、人心趋向和文坛风尚的晴雨表。由于嵇康事件为司马氏一手制造，所以在两晋时期，它作为一"本朝"事件倍受人们关心，"嵇康情结"遂不绝如缕，无法割断。两晋之后，虽然叙说、题咏嵇康者代不乏人，但因"本朝"事件已经变为"历史"事件，政治忌避又已完全不存在，所以"嵇康情结"反而逐渐冷却淡薄，再无两晋人士所表现出的那种激情了。从这个意义上说，"嵇康情结"实为两晋时期的特殊文化心理现象。

# 第十四章

## 两晋人士的阮籍关注

"竹林七贤"之一的阮籍,在魏末两晋人士的心目中,不存在如对嵇康那样因其风神仪态和刚烈性格而产生的普遍的敬佩、崇仰,也没有那种如因嵇康无辜被害而形成的强烈的同情和愤懑心理,所以阮籍并未在他们心中激起某种感性的冲动和激情。这种差异,使得魏末两晋时期不可能出现"嵇康情结"(详见第十三章)那样的"阮籍情结"。不过,阮籍毕竟是魏末大名士、"竹林"领袖,无论其玄学修养还是人格表现都特立独行,名望很高,尤其在部分文士中,堪称偶像级人物。所以尽管阮籍本人"傲然独得,任性不羁"且"喜怒不形于色",但他的社会影响力仍然很大,无论在生前还是死后,魏晋人士都对他给予了较多关注。这种关注本身,反映出阮籍对魏晋社会和文化确有重要影响,为当时不能绕开的重要人物。当然,魏晋人士对阮籍的关注,因时期而异,也因人而异。他们基于自身的社会地位和文化立场持不同的态度,褒贬取舍,表现丰富,差别巨大,故而也显示出他们各自的价值观，以及为人作风、品格高下。理清其脉络、辨析其内涵，一方面有助于进一步认识阮籍及其影响，另一方面更可窥见相关人士的精神境界，以及时代文化、士人风气之诡谲变异。

阮籍其人，据《晋书》本传载：

> 籍容貌瑰杰，志气宏放，傲然独得，任性不羁，而喜怒不形于色。或闭户视书，累月不出；或登临山水，经日忘归。博览群籍，尤好《庄》《老》。嗜酒能啸，善弹琴。当其得意，忽忘形骸。时人多谓之痴。

这里概括了他的基本思想取向和人格面貌，首先是他对于老、庄学说的爱好和信仰。阮籍对玄学的服膺是深层次的，他的性格作风和生活上的方方面面，无不受其玄学信仰的影响。他撰写的玄学著作，在魏晋玄学史上居于纲要地位，如《通易论》《达庄论》《通老论》等，皆是玄学史上的经典论文。它们在魏末学界的受重视程度，可以说超越了其他所有玄学家的著作。他在文中虽然没有如嵇康那样明确提出"越名教而任自然"的精警论断，但他也同样重视"自然"，把自然当作世间万物生成的出发点。所论"道者，法自然而为化，侯王能守之，万物将自化。《易》谓之太极，《春秋》谓之元，《老子》谓之道"云云，指出世间最根本的规律即老子所说的"道"，而"道"乃效法自然而成，是"自化"的结果。他认为这是"万物"存在和演变的基本规律，所以是人生的基本要谛，即使是侯、王等高层权势人物也必须遵循，不能越轨。这种论述与嵇康的观点相通，思想方向一致，都体现了玄理的"自然"核心理念，说出了玄学的基本性质。其次，阮籍在生活作风上有"任性不羁""嗜酒""忽忘形骸""喜怒不形于色"等表现，这些都是老子、庄子思想作风影响下形成的人生态度和处世方式。在汉代罢黜百家、独尊儒术之后，社会已经基本形成礼教秩序，这种"任诞"表现与社会正统人情风俗显得格格不入，所以阮籍被常人认为是"痴"，完全可以理解。然而在魏晋玄学信仰兴起之际，这种"任诞"或"痴"也成为"放达"作风，甚至"老庄人格"的一种表征，颇受各方社会人士的关注，得到相当一部分人士的心仪崇仰。所以阮籍的人格作风，自然也成为他们的关注内容。

以上所说的玄学信仰和任诞表现，为阮籍性格作风的基本方面。另外，他在社会事务和人际关系的处理上，也有一些特别之处，具体说来，就是他的"任诞""任性不羁"都不是毫无边际、毫无约束的，而是有着时间或场合的限制，亦即他的"任性"因事而异、因时而异，不是无限的，而是有限的。实际上，在魏晋易代之际严酷的政治社会环境中，他不能做到完全的"任性"行事，在某些场合不免瞻前顾后，处事相当小心谨慎，"籍虽不拘礼教，然发言玄远，口不臧否人物"，为此有人以"至慎"二字来概括他的这种处世作风。由于阮籍的人生结局与他的"至慎"作风有明显关联，所以此点也是后人关注阮籍的重点之一。

如何评价阮籍的"任诞"又"至慎"？应当说，阮籍的"至慎"是一种面对严酷动荡的社会所做出的适应性表现，可以给予理解。但与嵇康等性格耿直者相比，不能不说，他有着为了自保而"趋利避害"的个人考虑，无法做到真正的放达，甚至略显自私，更严厉地说，近似于"小人"做派。不过我们也不能简单理解此事，应当认识到，处事谨慎，不仅是思想涵养的人格表露，也与气质禀赋有关，这里也包括天生的性格特质，可能是性格内向、襟怀格局不够大气的表现。总体来说，"至慎"主要属于个性表现，"慎"而加"至"，在大部分情况下可能是一个性格缺点，但"至慎"是否含有道德因素在内，还必须就事论事做出具体分析才可得出适当结论，不能贸然因"至慎"而将事主列入品德低下者行列，对于阮籍的"至慎"评价也理当如此。

本文将要具体察看分析魏末两晋人士对阮籍的关注与印象，包括参与"关注"的是哪些人，他们关注阮籍的哪些方面，特别是他们是怎样"关注"阮籍的，其社会及思想含义何在？

## 权贵人物的阮籍关注

阮籍亡于魏景元四年（公元263年），即魏晋易代前两年，而对阮籍的关注从他生前就开始了。关注者包括上下各业各阶层人等，这里首先有当时朝政的重要权势人物，令人惊奇的是，魏末政坛上的关键之人司马昭竟也在其中。史载：

> 籍放诞有傲世情，不乐仕宦。晋文帝亲爱籍，恒与谈戏，任其所欲，不迫以职事。（《世说新语·任诞》注引《文士传》）

这里写阮籍作风"放诞""不乐仕宦"，却受到司马昭

（"晋文帝"）的"亲爱"，并"恒与谈戏"，这种态度已经算得上是特别"关注"了。司马昭其人，野心勃显、纵横捭阖、心狠手辣，"路人皆知"，在魏末政坛制造血腥风波不断。对于嵇、阮两位竹林名士的领袖，他既可以借故杀害嵇康，却又如此"亲爱籍"，其做法不同寻常，必有原因，值得深思。

阮籍与嵇康思想略同，但在为人处世上差异巨大。嵇康为人，"性烈而才隽""循性而动"[1]"不可羁屈也"，这种性格表现于他所有的人际关系。他不接受山涛荐代，不愿入司马氏篡权集团（详见下文），又对奸佞之人钟会不予理睬，受到忌恨，钟遂煽动司马昭，"（嵇）康、（吕）安等言论放荡，非毁典谟，帝王者所不宜容。宜因衅除之"[2]。嵇康终受其害，奏《广陵散》而受戮。对于阮籍，钟会亦曾设谋潜心陷害，"数以时事问之，欲因其可否而致之罪"（《晋书·阮籍传》，下同）。阮籍明知钟会居心不良，便不置可否，"皆以酣醉获免"，以酒解事。司马昭本人对阮籍也颇为关注，曾想与他攀亲，

---

[1]《晋书》本传引嵇康所撰《与山巨源绝交书》："故君子百行，殊途同致，循性而动，各附所安。"

[2]《晋书》本传载，钟会"言于文帝曰：'嵇康，卧龙也，不可起。公无忧天下，顾以康为虑耳。'因谮'康欲助毌丘俭……'。帝既昵听信会，遂并害之"。

"文帝初欲为武帝求婚于籍，籍醉六十日，不得言而止"。他如此表现，让司马昭不太放心，不过还是要尽力拉拢他，平日"恒与谈戏，任其所欲，不迫以职事"，但不能长久如此。关键的时刻到了，景元二年（公元261年）"司空郑冲致晋公茅土九锡，固辞"（《晋书·文帝纪》）。司马昭"让九锡"，公卿大臣们要阮籍撰写劝进文，在权力的逼迫之下，阮籍面临重大抉择：写，还是不写？如果写了，他就是公开投身于司马氏门下；若不写，他必将受到司马昭的严厉惩处，下场不会比嵇康好多少。阮籍起先故伎重演，以"沉醉忘作"应对，但这次蒙混不过关了，朝廷使者前来登门，"使取之，见籍方据案醉眠"，结果"使者以告，籍便书案，使写之，无所改窜。辞甚清壮，为时所重"。（《晋书·阮籍传》）最终，阮籍在"使者"面前即时写下了"劝进文"。那位"使者"很可能就是郑冲，所以此劝进文的正式名称是《为郑冲劝晋王笺》。文中谀颂文字不少，如说"朝无阙政，民无谤言"等，可见阮籍平日虽作"青白眼"以显示其明于是非之分，但到了关键时刻，生死存亡抉择之际，他并不能坚持自我，而是选择向司马氏权势屈服，这也是他"至慎"的代表性事件。从此，司马昭对阮籍放心了。

司马昭使用不同手法来对付各种异己人士，或杀戮，或怀柔，皆出于维护自身邪恶权益。而嵇、阮作为著名文士，互为挚友，他们得到完全不同的下场并非偶然。嵇康表现刚强，慷慨壮烈，因"不可羁屈"遭到杀害，令人钦服；阮籍表现柔弱，甚至一时泯灭道义是非，得到强权的"亲爱"，令人鄙视。不能否认，结果与事主表现直接相关，而阮籍的"至慎"作风，当属人格弱点。

司马昭为何"亲爱"笼络阮籍？这与他的篡政手法有关。司马氏集团在篡魏过程中，利用儒法道的各种成说蛊惑人心。他们首先以礼法标榜，冠冕堂皇地给自身贴金、打压异己；其次利用老庄玄理，一方面以其重虚轻实的特点，转移人们对丑恶行为的注意力，同时亦以"玄"笼络人心，掩饰自身恶行。因此，他们对阮籍这样的玄学大家、文坛名流颇感兴趣，尽力以怀柔手段拉拢，以壮声势。

司马昭之外，权贵人物中关注阮籍者，又有上述郑冲。郑冲也是名士出身，他起自寒微，年少清淡寡欲，专研经史，动必循礼，不求乡曲之誉，以儒雅为德。曾任魏太子曹丕文学，后经曹爽引为从事中郎，转散骑常侍、光禄勋，嘉平三年（公元251年）拜司空，后又转司徒、太保，封寿光侯。司马氏篡政前后，郑冲颇受重用，稍后魏晋禅代之际，郑冲位居太保、司空，与何曾、荀顗等同为司马昭的心腹帮凶，司马炎（晋武帝）登帝后称之为"三俊"，以示褒奖，同时还特地下诏，表彰"翼亮先皇、光济帝业"的多位功臣，其中首位即太傅郑冲。

郑冲位高势重，为何要由这样一位勋臣来充任督促阮籍撰写"劝进文"的执行人角色？其中用意非同一般，最直接的原因，就是司马昭十分看重此事。司马昭想为篡权进一步造势，必须排除朝野阻力，而其中最大的阻力便是不少文士出于传统道德，不愿站在司马氏一边。而名声很大、作风"至慎"的阮籍就是标志性人物，他如果能够改变态度，表态支持司马氏，那对当时的一批文士将产生巨大影响，这无疑是司马氏政治上的重大利好。所以撰写劝进文之事，不但在于考验阮籍本人的态度，更重要的是通过此事，影响文士们的政治选择，给朝野众多"中间人物"施加压力，要他们明确"站队"到司马氏一方。一旦"劝进"失败，将严重影响司马氏的篡政大业，故而事关重大，必须由心腹重臣执行。当然，兹事由郑冲出面，亦有具体缘由。首先，因郑冲"起自寒微，卓尔立操，清恬寡欲""任真自守"（《晋书·郑冲传》），虽对孔老玄理有一定修养，州郡官员却长期对他不加礼遇。从他的行止看，他亦曾以清高在士林闻名，与竹林名士较为接近。其次，据载郑冲与阮籍也有个人交往关系，因此他对阮籍具有较深的了解和判断。即使阮籍拿出种种"至慎"做法，掩饰规避，也难逃他的法眼，他有更多办法对付阮籍：

魏朝封晋文王为公，备礼九锡，文王固让不受。公卿将校当诣府敦喻，司空郑冲驰遣信就阮籍求文。籍时在袁孝尼家，宿醉扶起，书札为之，无所点定，乃写付使。时人以为神笔。（《世说新语·文学》）

兹事表明郑冲对阮籍有相当了解，彼此之间若无关系，不致如此唐突"驰遣信就阮籍求文"。故而撰写劝进之文，当由郑冲提议，阮籍捉刀。他出于对阮籍的了解，知道他既具备才能，又不可能不写，所以才有"驰遣信"之举。事实上，面对郑冲的要求和监督，阮籍很难逃避，他想继续玩弄手法，什么"口不臧否人物""以酣醉获免"等，显然不再有效，他不可能再次立场模糊、首鼠两端。于是阮籍不敢抗拒，无奈表态了。"无所改窜""辞甚清壮",写得如此流畅,表明他早有腹稿准备。

郑冲不负所望,完成要务,为司马氏又建新功,此后备受司马氏感念,司马炎登基、正式建立晋皇朝后不久,即发谕旨表彰诸功臣:

> 昔我祖考,遭世多难,揽授英俊,与之断金,遂济时务,克定大业。太傅寿光公郑冲、太保朗陵公何曾、太尉临淮公荀𫖮各尚德依仁,明允笃诚,翼亮先皇,光济帝业。(《晋书·郑冲传》,下同)

这就是对于郑冲们的效忠的高调褒奖。然而入晋之后,郑冲竟只顾自己享受高官厚爵,"拜太傅,进爵为公",再无一言道及阮籍。此皆显示,此等人物与阮籍的交往只出于自身的一时利害,毫无真诚情分可言,此亦西晋浮华势利士风使然。

与郑冲同时的高官,对阮籍颇表关注者还有何曾。何曾的身世与郑冲略微相似,少年好学博闻,曾任平原侯曹叡(魏明帝)文学,后累迁散骑侍郎、侍中、司隶校尉等。魏末政权动荡变迁,何曾投靠司马氏父子,亦充当其预谋篡权的帮凶。他对阮籍亦甚关注,不过与郑冲的态度相反，他对阮籍是声色俱厉地当面谴责：

> 魏帝之废也，曾预其谋焉。时步兵校尉阮籍负才放诞，居丧无礼。曾面质籍于文帝座曰："卿纵情背礼，败俗之人，今忠贤执政，综核名实，若卿之曹，不可长也。"因言于帝曰："公方以孝治天下，而听阮籍以重哀饮酒食肉于公座。宜摈四裔，无令污染华夏。"帝曰："此子羸病若此，君不能为吾忍邪！"曾重引据，辞理甚切。帝虽不从，时人敬惮之。（《晋书·何曾传》）

何曾在朝廷上当着司马昭（"文帝"）的面斥责阮籍，原因无非籍"负才放诞，居丧无礼"，不守礼教。这里显示出何曾持正统儒术立场，由己及人，一丝不苟。按照他的意思，应当将阮籍"宜摈四裔"，逐出华夏，亦即取缔阮籍的生存权，这不可谓不严厉。为此司马昭当场为阮籍说情，说"君不能为吾忍邪"，而何曾不顾司马昭的态度，还要再三"据""理"申斥，旁人听了亦不免"敬惮"。此事表明，阮籍混迹朝廷，表面上看悠游舒坦，实际上却要面对权势人士的冷眼对待或严词谴责，如无司马氏父子的庇护，他的处境实很艰难。至于何曾为何如此严厉地训斥阮籍，都不顾司马昭的面子？其实，司马昭骨子里与何曾并无分歧，阮籍在他们眼里，本质上就是个异己分子，司马昭对他的"亲爱"，以及"为吾忍"的说法，只是笼络人心、软硬兼施的手段，是其怀柔策略，而司马氏权力集团的根本态度并无改变。这种态度到了关键时刻就会立即转换，亮出凶狠残暴的本来面目，不容阮籍半点儿"至慎"。所以何曾对阮籍的"关注"，看似与司马昭完全不同，其实代表了司马氏集团的真实态度、本来面目。也正因此，在上举司马炎的那篇表彰大臣"光济帝业"的诏书中，何曾与郑冲并列齐名，都是司马氏篡政成功的顶级功臣。

至于阮籍为何会受到从司马昭到郑冲、何曾这些权势核心人物的多方关注？理由无非两点。第一，阮籍的玄学、文学修养一流，为当时文士代表人物，社会影响巨大，这些权贵人物出于自身利益需要笼络他，以壮大篡权集团声势，减少阻力。第二，尽管阮籍实际上已经被认为倾向司马氏集团，但他的"至慎"态度实在非常微妙，令人捉摸不透。在当时篡政尚未完全成功的关键时刻，那些篡政集团的权贵们对他具有很强的政治警惕，所以对他特别关注。再说阮籍既然是嵇康挚友，一时"嵇阮"并称，当然要被怀疑其真实政治立场是否站在曹魏一边，故而受到篡政集团核心人物的特别警惕。

尽管阮籍拥有"不乐仕宦"之盛誉，但事实上他从高贵乡公正元元年（公元254年）就开始享爵关内侯，并任司马师的散骑常侍，嗣后在司马昭幕中继续担任侍郎之类的职位。虽然这些只是"闲职"，地位待遇却不低，特别是那时曹氏皇室与司马氏集团正针锋相对，争夺权势，所以阮籍的任职会被认为是其政治态度的表露，显示他站在司马氏一边。而司马氏集团成员又认为他虽厕身于内，但态度不够鲜明、立场不够坚定，所以应该对他多加质询与关注，使他改变模糊立场，进一步亮明态度，为此必须对他多加"青睐"。司马昭本人对他"恒与谈戏"，还有那种虚假到令人难以置信的"亲爱"表示，实质上是在向他施加精神压力，并向外展示亲密关系，以争取人心。

总之，阮籍受到的来自权贵人物的关注，实际上是一种政治险恶势力的关注。这股势力是当时皇权争夺较量中比较强势的一方，因此对个人而言，它是一种十分危险的关注。性格正直的嵇康在这种险恶强势的关注中被剥夺了生命，而阮籍因他的"至慎"态度，以及一气呵成写成劝进文的"神笔"表现，得到了司马昭的容恕，甚至"亲爱"。

### 魏末文士的阮籍关注

权贵人物之外，当时尚有一些人对阮籍亦表示关注。他们未必站在特定的政治集团立场上看待阮籍，而主要是从个人思想文化观念和修养，或者凭性情爱好"关注"阮籍。当然，持有此类关注者必然具备相当的文化修养，对思想文化与历史相当了解。他们不可能是底层劳动人民，至少属于文士者流，也可能是普通官场人士。他们的立场互不相同，态度也大相径庭，但更能反映时代潮流与风气好尚，故而值得重视，不能忽略。

从思想文化观念的角度来批评阮籍，一般都围绕着当时最受关注的玄学进行。大体上可以分为两类：一类是玄学的赞同者、拥趸，态度是支持、赞同；一类是玄学的反对者、批评者，态度是驳斥、否定。前者思想较为开放，具有前瞻性；而后者主要是一批持浓厚的传统儒术思想观念者。当然，在此类关注中，也可能夹杂有若干个人偏爱好恶在内，难臻于纯净，因人而异，自然而然。

魏末普通士人中的阮籍关注者，有卢播、伏义等，此二位正好分别属于上述两类人。卢播字景宣，早年素有文名，入晋后，仕进通达，元康中迁梁王司马肜征西大将军长史，后又为尚书，可以说是一位文士出身的官员。可能因籍贯相同，他早年对阮籍甚感兴趣，并撰有《阮籍铭》，为此颇收时誉，《艺文类聚》亦录其文：

峨峨先生，天挺无欲，玄虚恬澹，混齐荣辱，荡涤秽累，婆娑止足，胎胞造化，韬光缊韣，鼓棹沧浪，弹冠峤岳，颐神太素，简旷世局，澄之不清，涸之不浊，翱翔区外，遗物度俗，隐处巨室，友真归朴，汪汪川原，迈迹图篆。（《艺文类聚》）

铭文写"玄虚恬澹，混齐荣辱""颐神太素，简旷世局"等，指出阮籍的人格精神、处世态度。这些赞誉之辞，即古代众多名士争相标榜的"清高"境界。而卢播撰写此文，赞颂阮籍的清高品格，出发点也是攀附名流，跻身于清高者行列。

卢播的年龄比阮籍略小，他们却是好友，阮籍今存《与晋文王书荐卢播》可证其事。文中阮籍首先赞美"晋文王"（司马昭）"皇灵诞秀，九德光被，应期作辅，论道敷化，开辟四门，延纳羽翼贤士，以赞雍熙。是以英俊之士愿排皇闼，策名委质，真荐之徒，辐辏大府"，接着就盛称卢播其人德才兼优，说：

少有才秀之异,长怀淑茂之量。眈道悦礼,仗义依仁。研精坟典,长堂睹奥。聪鉴物理,口通玄妙。贞固足以干事,忠敬足以肃朝,明断足以质疑,机密足以应权,临烦不惑,在急弥明。若得佐时理物,则政事之器;衔命聘享,则专对之才。潜心图籍,文学之宗。敷藻载述,良史之表。然而学不为人,行不求达,故久沉沦,未阶太清。诚后门之秀伟,当时之利器。宜蒙旌命,和味鼎铉。孔子曰:"如有所誉,必有所试。"播之所能,著在已效。不敢虚饰,取谤大府。

这里将卢播形容为仁义道德忠敬明断者,既是"文学之宗",又为"良史之表",简直是没有欠缺的全德全能人才,还说他"研精坟典,长堂睹奥""学不为人,行不求达",学问精深、人格谦让。最后作者向"晋文王"司马昭热情推荐,"宜蒙旌命,和味鼎铉",还说"播之所能,著在已效",说得斩钉截铁,不留余地。

阮籍与卢播互相赞许,彼此颂扬,似乎情深谊长,两得其美。不过稍加深入了解,即可明白问题多多。根本问题在于,卢播本人的实际品格与他所撰《阮籍铭》所显示出的境界,以及阮籍所撰《与晋文王书荐卢播》

中所述的诸多优点存在明显差距。他年轻时以求学为主,行迹不得其详,但年长后的表现却颇为不堪。他在晋惠帝时期曾任振威将军,参与对氐人齐万年的战役,当时协同作战者有建威将军周处等。但在一次关键战役中,他受上司梁王司马肜之私命,故意不去援救友军周处,致周处孤军御敌,壮烈殉身。[1]这是明显的缺德不义行为,卢播做出此等无良举动,当时即受到普遍谴责,他的人格精神非但与"荡涤秽累""颐神太素"无缘,还缺乏起码的为人道德,其素质低下,肯定算不上是个正人君子。卢播撰写《阮籍铭》,当在事主阮籍去世之后,铭文写出了事主阮籍若干性格特色,"峨峨先生,天挺无欲""澄之不清,溷之不浊",堪称清高神奇,基本符合阮籍作风。但这只能说是一篇别有用意的结撰,为的是显示他本人也是清高爱好者,他是在借阮籍"恬淡""遗物"的名声故作清虚,大唱无欲高调,以此自我贴金。刘勰谓:"夫箴诵于官,铭题于器;名目虽异,而警戒实同。"(《文心雕龙·铭箴》)这是文体要求,而卢播此铭却无"警戒"之义,而是违心之论、欺人之

---

[1]《晋书·宣五王传》:"伐氐贼齐万年于六陌。(司马)肜与(周)处有隙,促令进军而绝其后,(卢)播又不救之,故(周)处见害。"

谈。阮籍撰写《与晋文王书荐卢播》的意义何在？我们也应直面其事，认真分析，不必为之掩饰。此书的写作时间较早，应当说阮籍是在盲目赞扬一名肆欲青年。当然，由于"时间差"，阮籍生前并未亲见卢播的诸多劣迹，故而他的赞辞不是故意隐恶扬善，但至少他是受了卢播的一时欺蒙，未能及早觉醒，不能不说是上了小小一当。

其实阮籍与卢播不但年龄有差距，人格品行亦相去甚远，几乎毫不搭界。阮籍"有傲世情，不乐仕宦"，而卢播是个十足的追名逐利之徒。阮籍向司马氏威权俯首称臣，是出于个人避祸不得已而为，这是他的性格弱点所致，但他平日生活中绝无弄虚作假、陷害他人等恶劣行为。阮籍在与卢播的关系中所充当的角色，是被宵小之徒所利用。阮籍如此受到"关注"，说来不免有点儿滑稽，也有点儿可悲。而阮籍此荐举之文，又可谓是非混淆、黑白不分，诚堪可笑。卢播在《阮籍铭》中说阮籍"澄之不清，溷之不浊"，其实阮籍在这里也说了"溷""浊"的假话。当然，即使是假话，也有性质之区别：卢播的虚言假语是故作欺骗、恶意撒谎；而阮籍的是非莫辨，只能说是他的认知能力有限，对卢播并不了解，却偏要以高人自居，品"荐"人物，评头论足，结果就是优劣不分,"痴人说梦"。阮籍因"口不臧否人物"名声远扬,但在这里竟大"臧"了卢播一番。而卢播对阮籍的关注,实际上是一种"小人关注",他另有所图,为的是自我掩饰、自我美化,以谋取名利。值得深思的是,为何阮籍可以被卢播这样的人所利用,以作自我点缀或标榜?对此我们只能说,此事与阮籍本人作风亦有相当关系。阮籍之"任性不羁"与"痴"在当时极为有名,表现在人际关系上,即他对别人的了解难臻于深刻,甚至浅薄无知,奸诈狡猾之徒欲欺瞒阮籍并不困难。阮籍虽以"青白眼"著称,但那仅仅是一种颇有个性的表情,并不意味他对别人都有深刻了解,他的"青白"只是眼神,不等于他有杰出的鉴才之术。事实上阮籍对卢播的了解就很肤浅。

卢播之后,再说伏义。此人名不见经传,《后汉书》《三国志》《晋书》,包括记述人事繁多的裴注所引述的广泛资料中,亦不见其踪迹。然而就在阮籍本人的著作《答伏义书》中,他有所现身。应当说,伏义的知名度远不如卢播,但他表露出的思想文化观念则属于另一个极端:他是传统儒术思维,即正统皇权理念的信奉者、捍卫者。据阮籍所述,伏义曾致函阮籍,"承音览旨,有心翰迹",说明他对文化书写的"翰迹"感兴趣,或

可算是一位文士或"知识分子"。但其思想观念及人生态度则与文化相去甚远,甚至可以说颇异其趣。阮籍对他的概括是这样的:

  观君子之趋:欲衔倾城之金,求百钱之售;制造天之礼,疑肤寸之检;劳王躬以役物,守臊秽以自毕;沈牛迹之洿薄,愠河汉之无根;其陋可愧,其事可悲。亮规略之悬逾,信大道之弘幽,且局步于常衢,无为思远以自愁。比连疹愦,力喻不多。

"衔倾城之金,求百钱之售",很明显,伏义只知金钱,不问其他,完全是见钱眼开的财迷。"制造天之礼,疑肤寸之检",是说他潜心于繁复冗杂的礼制,在行为细节上制定了许多规矩,阮籍指出,这是沉溺于散乱的牛蹄印("牛迹"),而憎恨无边际的天河("河汉")。"劳王躬以役物,守臊秽以自毕",将全身心都投入"臊秽"事务里去,人的美好一生("王躬")就变成围着物质利益("物")转的奴隶。如此人生信念,完全是个识见贫乏的庸夫俗子。阮籍形容这种目光短浅之人,只是"且局步于常衢,无为思远以自愁",根本不懂自身以外的大道理。他还打出许多比方，说"鸾凤"与"鸠鹞"，"螭（龙）"与"鳖（龟）"，两种物类，志尚殊异，习惯完全不同，差距实在太大，根本无法相提并论。这样的人竟向阮籍提出质问，妄作批评。阮籍表示，伏义这种人只知道眼前利益，完全不懂得天下的大道理，就如"馨夫""琐虫"一般，不可能理解"九苍之高""四溟之深"，所以伏义是"其陋可愧，其事可悲"。伏义不知天高地厚，向阮籍提出道义挑战，结果被阮籍贬斥一顿，形同"鳖""虫"，不是正常人类，无法理喻。

此篇《答伏义书》，在文风上与阮籍平日表现出的性格存在很大差异，本传中写他"喜怒不形于色"，可是在与伏义的交往中，阮籍可是喜怒形于色，这是另一个阮籍了。阮籍此书的真实性是无可怀疑的，由此推断阮籍为人，其本性应该也是有喜怒哀乐的，他的"不形于色"只是一种表情、一种修养而已，或"至慎"所致。面对伏义，他骂骂对方为"鳖""虫"，这不是一般的"怒"，而是愤怒、暴怒。从这个层面看，伏义对阮籍的关注反倒是一种刺激，使得阮籍露出了本相。阮籍也是一个平常人，他平日给人印象中的不露爱憎、不表喜怒，只是他的涵养。玄学家本质上也是平常人！这是伏义的"功劳"，为此我们应该感谢伏义。这是我们通过《答伏义书》可以看出的文字之外的一层含义。

还有另一层含义,那就是伏义既然认识阮籍,而且能够致书阮籍,表明他至少也有一定的文化修养和社会地位,否则阮籍也不会理睬他。阮籍将他喻为"瞽夫""琐虫",只是因为他在观念、态度上有问题。对于伏义其人,我们基本可以推知,这是一名持传统儒术官方立场的文士。他向"异端"人物阮籍发出挑战,说明他是一名主流思想理念的卫道者。他与阮籍的书函往还,事实上就是在彼此"关注"。这种关注,反映了魏晋间传统儒术与新兴玄学之间严重对立的立场和观念,按照阮籍的说法就是:

好尚舛异。鸾凤凌云汉以舞翼,鸠鹇悦蓬林以翱翔;螭浮八滨以濯鳞,鳖娱行潦而群逝;斯用情各从其好以取乐焉。

我们应当特别注意,它们既相对立,"好尚舛异",同时又"各从其好以取乐焉",这是并存的。这种并存于同一社会体制之内的关系,显示了在魏晋时期,思想文化领域不同的,甚至对立的思想文化派别,可以一时并存而互相容忍。即使是勉强容忍,也是一种并存的方式。

阮籍与伏义，代表的是两种对立的思想文化立场。伏义是当时的主流文化，即传统儒术中的一员；而阮籍则是魏末玄学思潮的代表人物，其思想取向与当时主流文化相对立。他们之间竟能够互相致书，针锋相对互相批驳，甚至互相辱骂，但不妨碍对方的生存甚至发展，阮籍还能够厕身朝政，甚至得到司马昭的"亲爱"，这不能不说是一种文化"宽容"现象。此种文化宽容的大环境在华夏文化史上并不多见，而在魏晋南北朝时期，则有较为明显的存在。这就是我们可以通过《答伏义书》看到的第二层"言外之意"，它不是个人性格特征，而具有社会文化含义，非常重要。

当然，这种宽容的思想文化"大环境"的出现是有条件的。它与政权的频繁更替，以及多种社会势力在较长时间内保持相互博弈和共存有着密切关联。所以，魏晋南北朝时期作为思想文化环境来说，它在稳定性方面是比较差的，原因是政权的变易相对频繁，一个政权的存在往往不足百年，甚至只有几十年，而政权变化往往伴随着战乱，所以当时战乱破坏比较多发，对思想文化的稳定建设当然是不利的。但是就宽容性、开放性而言，这个时期则是比较好的。因为权力者的主要关注点在于政权存在之安危，对于思想文化领域，只要不是对政权具有直接对抗的性质，一般都能给予容忍。本时期发生的多起文士被杀害事件，基本出于政治原因，而与其写作取向无关。唯因如此，多种思想文化品类，包括非主流思想文化得以在魏晋南北朝时期共存，并且取得较充裕的发展余地。以文学书写为例，内容和体裁在本时期得到多样性发展，如玄理文学（"竹林七贤"之诗文）、佛教文学（如支遁《四月八日赞佛诗》《五月长斋诗》等）、各地区民族文学（如北朝各族诗文）、各地方民间文学（如浙闽、岭南、湘西、川南、川西、海西、漠北、鲜卑等地区诗文），还有个性鲜明甚至怪异的文士书写，从内容取向到体裁形式都有所生长，甚至呈蓬勃发展势头。诗歌写作不再局限于"兴观群怨"的"诗教"范围，写作主题更多转向抒发人生的喜怒哀乐；辞赋写作不再沿袭颂圣老路，而是发展出内容广泛、形式多样的各类抒情、咏物杂体小赋；史传写作也不再是"史官""太史"的专属权利，任何文士都不妨挥笔自撰心目中的史传。它们都是独立撰写的史书，各具特色，互为补充，与朝廷官方的一家之言相比，显得丰富多彩，以三国史传为例，裴松之在注《三国志》时，竟可以引证魏晋时期百余家史料，陈寿的"正史"反而显得简单枯燥。如此丰富多彩的局面，都是传统主流书写不可能达到的境界。而更多文士随心书写的杂家小品，如应劭《风俗通义》、蔡邕《独断》、刘劭《人物志》、干宝《搜神记》、颜之推《颜氏家训》等，也在本时期陆续推出，先后面世。它们个性鲜明，独具特色，在整个华夏文学史上都十分亮眼。各种文化整理、批评著作也在本时期崭露头角，如挚虞《文章流别论》、任昉《文章缘起》、萧统《昭明文选》、钟嵘《诗品》、刘勰《文心雕龙》等皆是，它们还被公认为整个华夏文学史上的经典权威之作，后世千余年间竟再无类比。它们的产生显示了高品质经典性著作的出现，是与宽容多样的文化发展环境紧密联系着的。总之，就思想文化的多样性发展而言，本时期比起那些"大一统"社会有过之无不及。这是魏晋南北朝思想文化发展特别突出的优点。

关于此点，其实古人亦曾有所发现，并有所揭示。北齐颜之推在描述"然而自古文人，多陷轻薄"的现象时写道：

孔融、祢衡，诞傲致殒；杨修、丁廙，扇动取毙；阮籍无礼败俗；嵇康凌物凶终；傅玄忿斗免官；孙楚矜夸凌上；陆机犯顺履险；潘岳干没取危；颜延年负气摧黜；谢灵运空疏乱纪；王元长凶贼自诒；谢玄晖侮慢见及。凡此诸人，皆其翘秀者，不能悉纪，大较如此。(《颜氏家训·文章篇》)

颜之推所指出的，主要是魏晋以来的一些"翘秀"文士，他们依仗自身才气，有各种出格怪异的表现，也因此得到了不同的结局。其中因事而致殒者，主要是由于政治原因，如孔融、祢衡、嵇康、陆机、谢灵运等，若在非政治领域，即使是颇为严重极端的事件，也不至伤及性命，如阮籍、傅玄、孙楚、颜延年等。阮籍在这里被认为有"无礼败俗"的表现，应当说是一种严重的社会道德问题，但也只是被指为"轻薄"。此二字固然是贬义，但仅限于道德作风范围，还是能够被容纳，并未受到任何惩处。

以上所说，是由卢播、伏义二人对阮籍的关注引发出的思考，涉及对事主阮籍性格作风的全面了解，以及对魏晋时期文化发展宽容性特征的认识。卢播、伏义二人，虽然不属文化"翘秀"，但他们对阮籍的关注却反映出重大深远的社会文化意义。在此仅稍做提示，以启深思而已。

## 竹林旧友的阮籍关注

后世对阮籍的关注,首先应当看西晋时期。阮籍去世次年,司马昭即病故,随即魏晋禅代,司马炎称帝,正式进入两晋皇朝时期。西晋人物中与阮籍关系最直接的,应该是"竹林七贤"中的五位健在同侪:山涛、向秀、刘伶、王戎、阮咸。他们既然是"林友",关系本就非同寻常,在魏晋易代之后关注阮籍的人里,他们当然也应该是最直接、最具体的。故而这里首先将他们列为考察对象,分别检讨。

竹林名士中,嵇、阮二人均在魏末辞世,其他五人作为故友,当然不会因为朝代更替便将阮籍忘怀,肯定会对他多加思念与关注。不过社会时势有了巨大变易,他们的思想认识也随之发生变化。另外,他们原先与阮籍的关系各有差异,性质不同、深浅不一,其思念和"关注"的内涵也会存在明显差别。

先述山涛。他是嵇、阮之外"七贤"中社会影响最大的一位。《魏志》裴注引《魏氏春秋》曰:

(嵇康)与陈留阮籍、河内山涛、河(南)向秀、籍兄子咸、琅邪王戎、沛人刘伶,相与友善,游于竹林，号为"七贤"。

"七贤"中山涛列于嵇康、阮籍之后，为第三人。《晋书·嵇康传》在言及"竹林七贤"时则谓：

> （嵇康）所与神交者惟陈留阮籍、河内山涛，豫其流者河内向秀、沛国刘伶、籍兄子咸、琅邪王戎，遂为竹林之游，世所谓"竹林七贤"也。

"七贤"在此被分为两部分：一部分是"与神交者"，有事主嵇康，以及阮籍、山涛，共三人；一部分是"豫其流者"，有向秀、刘伶、阮咸、王戎等四人。山涛既属"神交者"之列，而入晋之后，他更是唯一幸存的"神交"人物，其他皆是"豫其流者"。可知在当时竹林旧友中，他具有特殊的重要性。可是我们看今存史料，发现山涛对竹林故友的关注，主要对象是嵇康，而非阮籍。为此这里还要稍费文字，略做分辨。嵇康生前与山涛关系非同寻常，他们既是"神交者"，又有诸多具体的交往事例。首先是魏末景元年间山涛举嵇康自代之事。《三国志》裴注引《魏氏春秋》曰：

及山涛为选曹郎，举康自代，康答书拒绝，因自说不堪流俗，而'非薄汤、武'。大将军闻而怒焉。

《晋书·嵇康传》亦载此事：

山涛将去选官，举康自代。康乃与涛书告绝，曰……

两则记载，皆述山涛"举康自代"，结果不成功之事。二则所述，略有区别：前则所叙为嵇康"答书拒绝"，意思十分明白，即嵇康"拒绝"其（自代）事；后则所叙"告绝"，此二字之义，似乎有点儿模糊，但自本文及前后文看，这里应当是"告知拒绝""宣告拒绝"，也就是前则"答书拒绝"的意思。而对此有人解释为嵇康与山涛因此"绝交"，这是不合原文意思的。应当注意的是，《魏氏春秋》作者为魏晋间著名文士孙盛，而《晋书》作者为唐代房乔等人，前后相差近四百年，孙盛之说无疑可靠性更强。所以嵇康作书给山涛，是拒绝"自代"之事，而不是后世流传的他与山涛"绝交"。从嵇康"与涛书"（《与山巨源绝交书》）全文内容来看，也并无绝交之言论。山涛"举康自代",是要将自己所得名利、地位、待遇等全部移交给嵇康,这肯定是一番好意,正是"神交"之体现。而嵇康不领情,还"与涛书告绝",也并非因此要与山涛"绝交",而是拒绝其事而已,旧说"告绝"即绝交,是误解、误导之说。[1]正因为并无绝交之事,所以嵇康死后,山涛长年关注嵇康家人遗孤的善后事宜,尤其是他对嵇绍的帮助,历数十年而不衰。

入晋后,碍于政治忌讳,山涛对于嵇康不曾发表任何褒贬言论,但在暗中却一直为其子嵇绍谋划前程。嵇康死于司马氏的残暴权势,山涛当时也无法抗御,他的内心肯定留下遗憾,但无可奈何,遂将这份相惜之心寄托于嵇康之子。后来山涛终于找到机会,向晋武帝司马炎举荐嵇绍,由此得到一丝内心的慰藉,可谓"神交"不绝。

对此事,《三国志·王粲传》裴松之注如此写道:

> 康子绍,字延祖。少知名。山涛启以为秘书

---

[1] 关于嵇康所撰此书性质,旧说以为"绝交书",且名之为《与山巨源绝交书》,不合实情,完全是误解。详见本书附录《嵇康〈与山巨源绝交书〉非绝交之书论》。

郎，称绍："平简温敏，有文思；又晓音，当成济者。"帝曰："绍如此，便可以为丞，不足复为郎也。"遂历显位。

裴注又引《晋诸公赞》曰：

绍与山涛子简、弘农杨淮，同好友善，而绍最有忠正之情。

《晋书·山涛传》又载：

山涛领选，启武帝曰："《康诰》有言：'父子罪不相及。'嵇绍贤侔郤缺，宜加旌命，请为秘书郎。"帝谓涛曰："如卿所言，乃堪为丞，何但郎也。"乃发诏征之，起家为秘书丞。

《世说新语·政事》载：

嵇康被诛后，山公举康子绍为秘书丞。绍咨公出处，公曰："为君思之久矣。天地四时，犹有消息，而况人乎？"

《世说》又注引《晋诸公赞》曰：

> 康遇事后二十年，绍乃为涛所拔。

《世说》又注引王隐《晋书》曰：

> 时以绍父康被法，选官不敢举。年二十八，山涛启用之，世祖发诏以为秘书丞。

自上述诸文来看，皆是山涛主动推荐嵇绍任职，赞美其行止"平简温敏"等，又强调父子不同，以免武帝因嵇康而敏感排斥嵇绍，这里可见其"心思"周密，既要达到荐举目的，又要让武帝放心，不至于被阻挡，以保证成功。同时，其他选官"不敢举"嵇绍，可以想见此事在当时仍较为敏感，山涛出头荐举，的确冒着个人风险。幸而武帝被他说动，不但同意，而且格外"开恩"，改"郎"为"丞"。山涛此种做法，若非"神交"之友，殊难做到。同时，山涛之子山简与嵇绍能够"同好友善"，山涛肯定在其间起了很大的作用。他对嵇绍所说"为君思之久矣"，这几个字的分量非常重，可见他对亡友的思念关切一直深埋在心底，恩义长久，无愧为嵇康知友。

由此可证"绝交"之说,定为无稽之谈。

嵇绍何时出仕,史无明确记载,不过我们大致可以推算出来。嵇康被害前所撰《与山巨源绝交书》中有言,"女年十三,男年八岁,未及成人",此"男"盖即嵇绍。《世说新语》注引王隐《晋书》又曰"绍十岁而孤",可知嵇康被杀害时,嵇绍尚年少。考虑到山涛为人一贯稳重,以及他"深不可测"[1]的处世风格,不可能在嵇康被杀后短时间内就推举嵇绍——山涛荐嵇绍在嵇康被害二十年之后,当时嵇绍年已二十八岁。二十年的时光,也符合"久矣"的含义。不过对山涛来说,这件事做得还是相当大胆,不能说没有一点儿风险。幸好司马炎的性格与其父司马昭不同,心胸并不那样狭窄忌刻,而且对于杀害嵇康之事,怀有少许负疚感也说不定,因为嵇康被害不久,连司马昭也"悟而恨焉"[2],有点儿悔意,司马炎也可能知道此事。所以山涛甫一出口,司马炎便立即来个顺水推舟,说"绍如此,便可以为丞,不足复为郎也",须知"丞"比"郎"高一阶,待遇更优。

---

[1] 见《世说新语·识鉴》注引《名士传》。《世说新语·识鉴》曰"山涛不学孙、吴,而暗与之理会",可知其为人作风。

[2]《晋书·嵇康传》:"(嵇康)时年四十,海内之士,莫不痛之。帝寻悟而恨焉。"所谓"悟而恨焉",至少可以解释为事后他明白过来,不无遗憾、后悔。

其实，山涛与阮籍的关系也很密切：

> 山公与嵇、阮一面，契若金兰。山妻韩氏觉公与二人异于常交，问公。公曰："我当年可以为友者，唯此二人耳！"妻曰："负羁之妻亦亲观狐、赵，意欲窥之，可乎？"他日，二人来，妻劝公止之宿，具酒肉。夜穿墉以视之，达旦忘反。公入曰："二人何如？"妻曰："君才致殊不如，正当以识度相友耳。"公曰："伊辈亦常以我度为胜。"（《世说新语·贤媛》）

山涛与嵇康、阮籍，同为"以识度相友"的"金兰"之友。但与对待嵇康不同，山涛入晋以后，对阮籍既未表示过任何类似的态度，亦未做任何冒险相助之事，可见山涛对待两位已故"金兰"，态度略有不同，至少关切的程度存在差异。或许是因为嵇、阮的人生遭际差异太大，所以作为挚友的山涛更加关切蒙难受戮的一位，而对另一位得善终者并无特别表示。当然，这里也可能反映的是他对嵇、阮两位原有的人格尊重和感情关联是有差异的。自今存嵇康文章观，多处言及山涛，而阮籍则并无此类文字，亦可证当日关系之密切程度存在差别，所以日后山涛的做法也有所不同。

再述向秀。入晋后向秀对竹林故友多有关注，然而所关注者主要也是嵇康。所撰《思旧赋》，不避忌讳，所思之"旧"即嵇康、吕安这两位被"先帝"司马昭所杀害的名士。序中赞颂嵇康的为人及学问技艺：

> 嵇博综技艺，于丝竹特妙。临当就命，顾视日影，索琴而弹之。余逝将西迈，经其旧庐，于时日薄虞渊，寒冰凄然。邻人有吹笛者，发声寥亮。追思曩昔游宴之好，感音而叹。

赋文赞述"嵇意远而疏，吕心旷而放"等，诚为知心者论，情深意长，友谊真挚。而今存向秀所撰文字，并无一字涉及阮籍者。同样为老友，在关注上却有所选择，而选择轻重向背正与人生结局好坏相反。向秀此点，与山涛的表现颇为相似。

不过向秀的这种"选择"并非偶然，自有其生活经历作背景。对向秀而言，当初"林友"中关系最为密切者就是嵇康。史载"初，康居贫，尝与向秀共锻于大树之下，以自赡给"，然后才有"贵公子"钟会前来造访，而嵇康"不为之礼，而锻不辍"，钟会"以此憾之"的场景发生，整个过程，向秀皆是在场参与见证者。(《晋书·嵇康传》)而在钟会事后向司马昭所作的"谮"言中，向秀也是连带被"谮"之人。向秀在注释《庄子》的问题上也与嵇康有所互动，嗣后有"与康论养生，辞难往复，盖欲发康高致也"等事，可知嵇康今存玄学代表作《养生论》的撰写，与向秀密切相关。总之，向秀的竹林友人中，嵇康肯定是第一人，而他与阮籍的关系明显没有如此亲近。尽管向秀本人最终也向司马氏的威势低头，但内心对嵇、阮二友当然有轻重之分。他对嵇康的关注蕴含着浓浓的情分，相比之下，对阮籍的态度就稍显冷淡了。

再述王戎。王戎是曹魏官员王浑之子，比阮籍小二十四岁。史载阮籍每次到王浑那里，一会儿就离开了，但路过看望王戎时，常常逗留良久才出，然后谓浑曰："濬冲（王戎字）清赏，非卿伦也。共卿言，不如共阿戎谈。"王戎当时才十五岁，阮籍却对他表现出特别的关心与兴趣，表明王戎确有引人瞩目的才华。王戎身材矮小，不修威仪，善于言论，名声著于文界，不久闻于朝廷。阮籍与之可谓忘年交，曾共游于竹林，戎迟到，籍以责备的口气说："俗物已复来败人意！"戎笑曰："卿辈意亦复可败邪？"此对话中，王戎言简意深，当场抓住阮籍的言语纰漏，指出对方"意亦复可败邪"，即那不是玄学名士应有的精神境界。他认为，作为名士，不应为一点儿小事"败意"。此番交谈，王戎竟是胜者。阮籍对少年王戎的情谊，甚至超过了若干有一定官位名望，与之年龄相若的友人：

> 王戎弱冠诣阮籍，时刘公荣在坐。阮谓王曰："偶有二斗美酒，当与君共饮。彼公荣者无预焉。"二人交觞酬酢，公荣遂不得一杯，而言语谈戏，三人无异。或有问之者，阮答曰："胜公荣者，不得不与饮酒；不如公荣者，不可不与饮酒；唯公荣，可不与饮酒。"（《世说新语·简傲》）

刘公荣即兖州刺史刘昶，阮籍既能与之"言语谈戏"，可知关系不错，而阮籍在饮酒戏事中选择了王戎，可知他当初对少年阿戎何等看重。如此切近关系，在一般友人之间不多见，甚至可称之为亲密。不久王戎加入竹林之游，成为七贤之年龄最少者。

入晋之后，晋武帝时期，王戎跻身官场，他与钟会等人同流合污，曾被荐举，"文帝问其人于钟会。会曰：'裴楷清通，王戎简要，皆其选也'"（《晋书·裴楷传》)。王戎仕途通达，历仕相国掾、河东太守、荆州刺史等，又迁豫州刺史，加封建威将军，受诏伐吴，平定武昌、江夏等地，颇建功绩，然有纳贿丑闻，被有关官吏检举，虽被拘捕，最终却无事，但因此名节受损，颇为清慎者所鄙。后王戎继续迁任光禄勋、吏部尚书。惠帝时期，朝政混乱，王戎又先后投靠权贵杨骏、赵王伦、齐王冏等，历任太子太傅、司徒等，在政坛上游刃有余。王戎又以"至孝"闻名，据说他丧母后悲哀伤心、容貌憔悴，扶杖才能起立。不过他的另一方面更加出名，即唯利是图。他大买四方园田、水碓，遍布各地，积聚钱财，不知其极。"每自执牙筹，昼夜算计，恒若不足。而又俭啬，不自奉养，天下人谓之膏肓之疾。"(《晋书·王戎传》，下同）敛财竟到了被天下人指责为"膏肓之疾"的程度，王戎其人品性，可想而知了。王戎在晋，曾被司隶校尉傅咸参奏其过失，指斥他是"驱动浮华，亏败风俗"的重要人物，主张"宜免戎官，以敦风俗"。但由于他与贾后和贾谧的关系，"戎与贾、郭通亲，竟得不坐，寻转司徒"，不但不受处罚，还升了官。

王戎记忆中当然有阮籍的位置，《世说新语》载：

王濬冲为尚书令，着公服，乘轺车，经黄公

酒垆下过。顾谓后车客："吾昔与嵇叔夜、阮嗣宗共酣饮于此垆。竹林之游，亦预其末。自嵇生夭、阮公亡以来，便为时所羁绁。今日视此虽近，邈若山河。"（《世说新语·伤逝》）

据《晋书》本传，王戎"为尚书令"的时间在"惠帝反宫"后，即齐王冏起兵击败赵王伦后，大概是永宁元年（公元301年）四月。此时与"竹林之游"暌隔近四十年，王戎本人已届晚年，重过旧地，他还记得有"酣饮""竹林之游"之事，这并不奇怪。尽管他此时的社会地位与从前完全不同，从竹林名士变成朝廷达官，无法类比，人生态度也已彻底改变，从"预"嵇、阮之"末"到今日"为时所羁绁"，即由蔑弃名利的清白文士变成坐拥权势的达官贵人。这高下两种境界"邈若山河"，完全是两种不同的人。他的感叹说出了实情，其时与当年随嵇、阮同游竹林之时已呈天壤之别。但王戎肯定知道，自己后期能取得巨大的"利"，受益于前期出的大"名"，其间存在很强的关联性。司马氏政权之所以重视他，就是因为他作为竹林名士在士流中的巨大名望，可以为新皇朝扩充影响力，争取人心，否则仅凭他王戎自身的才能，不可能如此受当权者重视。从"嵇生夭、阮公亡"二语看，王戎自己也有自知之明，知道当初的"亦预其末"，正是自己走上权力之途的起点。而他也明白，今日"为时所羁绁"，意味着自己已经走上与先前完全不同的人生道路。今日之我已非昨日之我，在精神层面上已经明显疏离，故而经过酒垆时发出了"今日视此虽近，邈若山河"的感慨，这是大实话。不过王戎既然已经远离了嵇、阮等坚守的"竹林"精神，为何还要发出自己的感想？或许他当时偶然进入年轻时的环境，两相对比，觉得有得亦有失，得到权势固然满足了现实欲望，但名声上有所丧失，不免还感到有点儿遗憾。这是感慨"为时所羁绁"的另一层含义。

查今存史籍，记载王戎入晋后言及阮籍者，唯有此一则。当初的忘年之交，亲密互动，还是经不起时光的考验。王戎对阮籍精神上的疏远，只能说是人生基本观念上的隔阂所致。因为在道德缺失的司马氏政权的影响下，在后期玄学理论的掩饰下，西晋主流文士的人生信念和目标早已脱离汉末以来以"清高"为核心的清流名士精神。魏末玄学初起时"越名教而任自然"，批评虚伪"名教"的主张，变成了"名教即自然"的混沌说法，"越名任性"变为单纯的"任性"。而脱离了道德约束的单纯的"任性"，也就直接导致个人欲望的无限扩张和追求，"任性"成为"肆欲"的代名词。这就是西晋士大夫的基本风气——浮华之风——的成因。在这种以肆欲为主的社会风气中，士人的精神境界低下、阮籍的"志气宏放""遗物度俗"精神无人喝彩，是必然之事。不仅如此，连玄理所否定的对象——儒术礼法——也在西晋备受冷落，以致在何曾等一批礼法之士死后，他们的正统伦理道德衣钵竟也无人继承。当初的"林友"王戎，入晋后发生了巨大改变，成为代表性的堕落文士。他专注于满足自己的欲望，既对阮籍那种潇洒脱俗的作风不感兴趣，也不愿意服膺儒术名教做一名"礼法之士"，所以早先"为识鉴者所赏"(《晋书·王戎传》)，并且受到阮籍重视的少年王戎，入晋后的作为几乎判若两人。王戎虽未入"二十四友"，但其附会贾后、贾谧的作为，毫不逊色于潘岳、石崇之流，《晋书》说他"以王政将圮，苟媚取容，属愍怀太子之废，竟无一言匡谏""与时舒卷，无謇谔之节"。而八王之乱中，赵王伦之子欲委王戎以重任，有博士谏阻，说王戎其人"谲诈多端，安肯为少年用"，可知其恶名当时已广为人知。王戎因聚敛财富，贪赃枉法，"为清慎者所鄙，由是损名"(《晋书·王戎传》)。《世说新语·俭啬》中所载王戎事甚多，如卖李钻核等，悭吝猥琐，可知时人皆鄙薄其为人。成年的王戎堕落至此，与当初"林下"时期的少年王戎判若两人，所以"邈若山河"之感慨，殆非虚语，也算他有自知之明，一时良心偶现。

再述刘伶。刘伶最出名的事有两件：一为"常乘鹿车，携一壶酒，使人荷锸而随之，谓曰：'死便埋我。'其遗形骸如此"；二为撰祝酒之歌，"尝渴甚，求酒于其妻。妻捐酒毁器，涕泣谏曰：'君酒太过，非摄生之道，必宜断之。'伶曰：'善！吾不能自禁，惟当祝鬼神自誓耳。便可具酒肉。'妻从之。伶跪祝曰：'天生刘伶，以酒为名。一饮一斛，五斗解酲。妇儿之言，慎不可听。'仍引酒御肉，隗然复醉"，放浪形骸，无所约束。他曾任建威将军参军，但无任何作为，泰始初曾参与对策，因盛言无为之化，时辈多以高第得调，而刘伶独以"无用"被罢黜。他的代表作即《酒德颂》，篇中设一主人公"大人先生"，其行止作风为：

有大人先生，以天地为一朝，万期为须臾，日月为扃牖，八荒为庭衢。行无辙迹，居无室庐，幕天席地，纵意所如。止则操卮执觚，动则挈榼提壶，唯酒是务，焉知其余。

然后设"贵介公子、缙绅处士"二人,"闻吾风声,议其所以,乃奋袂攘襟,怒目切齿,陈说礼法,是非蜂起"。而大人先生,则"于是方捧罂承槽,衔杯漱醪,奋髯箕踞,枕曲藉糟,无思无虑,其乐陶陶。兀然而醉,豁尔而醒。静听不闻雷霆之声,熟视不睹泰山之形,不觉寒暑之切肌,利欲之感情。俯观万物,扰扰焉若江海之载浮萍。二豪侍侧焉,如蜾蠃之与螟蛉"。写两类人物,一边是纵酒任诞,一边是坚守礼法,互相对峙,而互相不能理解,更不能融洽。当然作者立场完全站在大人先生一边,他本人就是大人先生的化身!

值得注意的是,本篇主人公"大人先生"竟与阮籍所撰《大人先生传》中人物同名,而两位"大人先生"的性格作风亦极为相似,几无差别。阮籍撰写该传,原是他在苏门山遇神仙孙登,遂著《大人先生传》。传中除"大人先生"外,还着力写了一位"君子"作陪衬:

> 世人所谓君子,唯法是修,唯礼是克。手执圭璧,足履绳墨。行欲为目前检,言欲为无穷则。少称乡党,长闻邻国。上欲图三公,下不失九州牧。独不见群虱之处裈中,逃乎深缝,匿乎坏絮,自以为吉宅也。行不敢离缝际,动不敢出裈裆,

自以为得绳墨也。然炎丘火流，焦邑灭都，群虱处于裈中而不能出也。君子之处域内，何异夫虱之处裈中乎！

此亦籍之胸怀本趣也。阮籍写的那位"君子""唯法是修，唯礼是克"，礼法是他的基本立场。而刘伶写的这两位"贵介公子""缙绅处士"，也是以"陈说礼法"为能事，与大人先生作对。可见刘伶思路与阮籍基本一致，他写作此篇在阮籍之后，肯定参考了阮著，并有所因袭。

当然，阮籍的"大人先生"书写，也不是首创。所谓"大人"，渊源久远。贾谊《鵩鸟赋》中早就写有"大人不曲兮，意变齐同"。《周易》曰："夫大人者，与天地合其德。"可见，作为代表天地道德精华的"大人"，早已出现在文人笔下。接着司马相如有《大人赋》，其中写道："世有大人兮，在于中州。宅弥万里兮，曾不足以少留。悲世俗之迫隘兮，揭轻举而远游。乘绛幡之素蜺兮，载云气而上游。"不过这里的"大人"形象不重在道德，而更接近于神仙，他"宅弥万里"而"不足以少留"，他要"轻举而远游""载云气而上浮"。司马相如如此写，是为了满足汉武帝长生求仙的欲望，所以武帝读后"大悦"。而到了魏晋间，传统的"大人"形象也有了质的转换,由天地合德的伟大代表变为反对礼法道德的老庄式理想人物。阮籍笔下的大人先生就是如此,他尖锐斥责礼法之士为"虱之处裈中",完全是道家理念中的理想人格形象。

嵇康也写有"大人",《幽愤诗》云:"大人含弘,藏垢怀耻。人之多僻,政不由己。"不过其形象与阮籍及刘伶笔下的"大人"皆存差异,重点在心胸宽大、不计利害,能忍辱负重。《文选》李善注此篇谓:"《周易》曰:含弘光大,品物咸亨。《左氏传》伯宗谓晋侯曰:国君含垢。《说文》曰:怀、藏也。杜预曰:忍垢耻也。"严格地说,嵇康笔下的"大人",表现的是他本人的"含弘"作风,是他理想人格的体现。刘伶是竹林名士中书写"大人"的第三位作者了,附骥于嵇、阮之后,而他所撰的"大人"形象,有因有革,别具一格。这与刘伶作为七贤中"豫其流者"的身份正相契合。

再述阮咸。他是阮籍之侄,史载"任达不拘",当世礼法者讥其所为。但他也参与了竹林之游,成为七贤的殿军人物。阮咸与阮籍居于家乡道南,而其他的阮氏成员居道北,被称为南阮和北阮,北阮富而南阮贫。七月七日,北阮盛晒衣服,皆绫罗绸缎,灿烂夺目,南阮阮咸家则以竹竿挂大布犊鼻裈于庭院。此为用人劳作之服，有人觉得奇怪，不能理解，阮咸答曰："未能免俗，聊复尔耳。"可见其不以贫乏为耻，无所掩饰。山涛曾举阮咸曰："阮咸贞素寡欲，深识清浊，万物不能移。若在官人之职，必绝于时。"武帝司马炎认为阮咸"耽酒浮虚"，遂不用。阮咸平日生活里不交人事，只常与亲朋好友相聚，弦歌酣宴。他与从子阮修特别要好，总能领会对方的意趣。阮氏宗亲一起饮酒，每次阮咸一到，大家都不再用酒杯盛酒，而换用大瓮装酒，众人围坐成一个圈，面对面酣饮一通。有时会有几头猪闻着酒香亦来参与，于是它们都一起喝了起来。

阮咸的从兄弟都学他"以放达为行"。阮咸在给母亲守孝期间宠幸过姑姑家的一个鲜卑族婢女，当姑姑要远去夫家，起初说要留下这个婢女给他，启程之后却还是把人带走了。当时阮咸有客，听闻婢女已去，立马借客人的驴，穿着孝服去追婢女，追到之后与婢女一起骑驴回来。此事传出后，世议纷然。阮咸妙解音律、善弹琵琶，大臣荀勖每次与阮咸论音律，自以为远不及也，竟嫉妒不已，显出小人胸怀。阮咸亦曾以高名广誉，出仕散骑侍郎、始平太守等，直至寿终。二子瞻、孚，皆继承父风，以放达著称。阮咸并无纪念叔父的文字传世，但他放达任诞的言行作风酷似阮籍，而"豕饮""幸婢"

等事，则比其叔有过之无不及。可见，阮咸的日常行为和生活方式，足以表明其曾经是"七贤"中的"豫其流者"，在日后对阮籍的关注中，他也因此显示出特殊之处。

综观"竹林七贤"旧友入晋后的表现，可谓分化严重。一为诸"林友"对亡友阮籍之关注，轻重判然，有颇重情义，多所怀念者；亦有忘诸脑海，疏若路人者。而阮籍本人的人格表现，也影响着"林友"之关注轻重差异。阮籍之所以不能如嵇康般得到旧友普遍的激情共鸣，其本人"至慎"且"不臧否人物"的生前作风，实起不小作用。二为诸"林友"在社会态度、政治立场上各投其好，转变不少，影响其对旧友的关注。这方面最突出的是王戎，作为"七贤"中的最少者，他入晋后的转向最快，也最大，其堕落程度实令人惊叹，若嵇、阮等先贤有灵，忆及共游之事，必痛心疾首、悔不当初！

总的来看，五位"林友"的"阮籍关注"，大部分不是很深切，甚至有些淡薄。与嵇康相比，尤其显出差异。揆其原因，嵇康不仅是一位玄学人物，他身上还继承着汉末清流名士的传统，坚持气节操守，而且又有特殊的悲剧性遭遇——蒙难被害，因此拥有了一种无形的崇高精神，影响力自然非常强大，而阮籍在这方面的表现则很难与之比拟，人格上缺乏魅力，不能并论。阮籍生前颇受司马文王的"保持"与"亲爱"，从自身角度言，得到了安全感，但自清流名士的立场观，则有亏于名节，与嵇康相比尤其显得人格卑下，此点恐亦难以激起人们，包括他的知友的敬仰和同情。更重要的原因是，阮籍所长者，唯在于对名教礼法之批判一端，而林下诸友在嵇康被害后，有的屈服于司马氏的政治淫威，原本的批判精神不得不有所收敛和抑制，如向秀对司马昭所说的"不达尧意，本非所慕"，其实就是"悔改"声明，从此发生精神上的转向，向秀及刘伶、阮咸，在此方面皆有所表现。有的不能坚持志节，在西晋"政失准的，士无特操"的大背景下与时沉浮，精神堕落，愈行愈远，其状态与当初共游竹林时相比，不啻有天壤之别。竹林之游时期，他们在嵇康的带领和影响下表现出的特立独行，那种清高的精神状态，至此早已销蚀殆尽，而流于平庸猥琐，故而在精神上不免有王戎的"邈若山河"之感。至于山涛，由于其一贯的"隐身自晦""平心处中"（《晋书·山涛传》）作风，又有与司马氏"中表亲"的关系，所以当初既能加入林下之游，成为嵇康、阮籍契友，又深得司马昭信任，表现出深得庄子"全身远害"要谛，游刃有余，入晋后更是官运亨通，长期在朝廷任要职，所以在"七贤"中，山涛是唯一未受压力也不须"转向"的人物。不能排除山涛的处世哲学中有圆滑世故的成分，不过说他具有"平心处中"的人生态度，也是不错的。因此他对嵇康、阮籍的人生，也体察得比较透彻。林下诸友在西晋时期的"阮籍关注"有所淡化，看来有些令人惊奇，但也是必然发生的现象，这种淡化现象反映出他们在魏末虽然与阮籍颇相契合，情谊甚笃，但在思想精神上，其实早就存在一定的差异。他们在批判精神上本来就不如阮籍激烈，入晋以后，他们为新的社会环境和士风所化，精神上与阮籍之间便明显拉开了距离。这里既有"林友"们原来思想取向和态度的差异，更有着时代风气熏染而造成的距离，也可以说是"正始士风"与"太康士风"之间的距离，这是我们得出的结论。

总之，随着两位精神领袖嵇康、阮籍的逝去，余下五位"林友"终于抵挡不住环境的压力，他们的行止言论、人生取向虽各不相同，但大多走上平庸化的道路，光彩不再，也有人甚至恶性发展，跌入精神堕落的渊薮。只有个别人，如阮咸，尚能保持"贞素寡欲"的作风。原先的"竹林"精神很快消逝，"林友"们身上残存的一点儿痕迹，只能引起我们对当初竹林风致的更殷切的怀念。"世无萱草，令我哀叹"，阮籍的诗句说出了他对身后事态变化的某种预感。

## "西晋二十四友"的阮籍关注

西晋时期对阮籍的关注，除了竹林旧友，最应当作为考察对象的是"二十四友"。因为这是一个人数众多、声势盛大，而且最有时代特色的文士群体。它由惠帝时期最享盛名的一批文士，如石崇、潘岳、陆机、陆云、左思、刘琨、欧阳建、挚虞等，围绕着权臣鲁公贾谧所形成，故称"鲁公二十四友"，《晋书》载：

（贾谧）其为威福如此。负其骄宠，奢侈逾度，室宇崇僭，器服珍丽，歌僮舞女，选极一时。开阁延宾。海内辐凑，贵游豪戚及浮竞之徒，莫不尽礼事之。或著文章称美谧，以方贾谊。渤海石崇欧阳建、荥阳潘岳、吴国陆机陆云、兰陵缪征、京兆杜斌挚虞、琅邪诸葛诠、弘农王粹、襄城杜育、南阳邹捷、齐国左思、清河崔基、沛国刘瑰、汝南和郁周恢、安平牵秀、颍川陈眕、太原郭彰、高阳许猛、彭城刘讷、中山刘舆刘琨皆傅会于谧，

号曰二十四友,其余不得预焉。(《晋书·贾充传》)

这里所说的"海内辐凑",并非虚誉,此所开列二十四人名单,确实皆系一时俊彦、文坛翘楚,当时一流人才。"其余不得预焉"一语,说明这确实是人才"辐凑"精选之结果,其他人不得其门而入,望门兴叹者不在少数。总之,"二十四友"为西晋一朝最有代表性的文士群体,史有定论。此群体著作不少,诗文皆有,但他们对阮籍的关注情况如何?初步考察,在他们今存众多作品中,竟很难找出直接关注阮籍的印记。

如此情状,不禁令人惊奇,因为西晋惠帝时期距离阮籍生活的魏末也就二三十年,新一代文苑中人,竟已将父辈文豪置之脑后,基本遗忘。事实上,对于"二十四友"而言,"七贤"的著作随处即可看到,比如阮籍的玄理论文及其《咏怀诗》中阐述的内涵,包括社会、历史、人生观念各方面,皆可为当时文士参考联想、印证现实、启迪思索、书写参照。当时,"林友"王戎等人尚在,他们虽不入"二十四友",但同厕于一朝,只是年龄略长,不至于完全隔绝,至少也可以自这几位竹林旧友那里联想到嵇康、阮籍等诸前贤吧?可是没有!当时以"二十四友"为代表的大量文士,他们与前代优秀文化文学的关系似已距离遥远，甚至风马牛不相及。可以认为，此现象的发生有其必然性，这里有着社会和文化方面的更深层次原因。自人类社会产生以来，随着政治社会生活的变化，文化风尚也要发生相应的改变。西晋是华夏历史上政治腐败、风气堕落极为严重的时期之一，尤其惠帝弱智，"弗克负荷"（《晋书·武帝纪》），贾后骄横专恣，擅杀异己，贾谧浅薄浮夸，却权过人主，加上多名司马氏诸侯王争权夺利，又有一帮无德无行的大臣如杨骏、卫瓘、何劭、贾充等窃据高位，争夺权位，相互攻伐，民不聊生，时政风气极为败坏，社会迅速走向末世，文化精神的正常继承和发展也必然受到影响。即使是正统儒术规范，亦受到朝廷权贵的排斥与忽视，至于老庄玄理，更不屑于一顾。而士人之心思，亦被浮华风气所湮没，唯有功名利禄能够占据他们的思维，举凡正当文化历史精华，皆受到漠视。阮籍不被当时精英人士所重视，甚少关注，几被遗忘，实在情理之中。

然而对于阮籍之关注，西晋末却展现了重要一幕，主事者为刘琨。刘琨其人，本出汉皇族之后，少得"俊朗"之目，以雄豪著名。他入朝任司隶从事，与石崇交好，又以文才降节侍奉贾谧，参与浮华游乐，为

"二十四友"之一。晋室战乱初起，琨入赵王伦幕中，为记室督等，后又与齐王冏、范阳王虓等结纳，转战各地，曾统诸军奉迎惠帝于长安，以勋封广武侯。怀帝永嘉元年（公元307年），刘琨为并州刺史加振威将军，领匈奴中郎将，由此立足晋阳太原，为北方重镇。他在晋皇朝彻底溃烂，外敌入侵、社会崩坏的大环境中，面对内外诸敌，雄心勃发，独力抗御，几成大业。自洛阳逃难人士，北奔并州者多归于琨，携老扶弱，不绝于路。而琨善于怀抚、短于控御，秩序稍乱，社会失序。愍帝即位，拜大将军、都督并州诸军事。当时北方异族军阀入侵，席卷幽、并诸地，又加地方武装各谋私利，少见配合，刘琨势孤力薄，独力难支，终于被刘聪、石勒等击败，不得不投幽州鲜卑段匹磾。其时晋皇朝大势已去，建武元年（公元317年），王导、王敦等奉司马睿于建康称帝，是为东晋，遥封刘琨为太尉。是年，刘琨终于被段匹磾所害。《晋书》本传"赞"曰："越石才雄，临危效忠，枕戈长息，投袂徽功，崎岖汾晋，契阔獯戎。见欺段氏，于嗟道穷！"可以说，刘琨为西晋末唯一忠烈雄才，衰世英雄。

如此一位人物，却在他多年奋战失败、人生濒危之际，发出有关阮籍之言辞，值得令人深思。所撰《答卢谌书》谓：

> 琨顿首。损书及诗，备辛酸之苦言，畅经通之远旨。执玩反覆，不能释手，慨然以悲，欢然以喜。昔在少壮，未尝检括，远慕老庄之齐物，近嘉阮生之放旷，怪厚薄何从而生，哀乐何由而至。自顷辀张，困于逆乱，国破家亡，亲友凋残，负杖行吟，则百忧俱至，块然独坐，则哀愤两集。时复相与，举觞对膝，破涕为笑，排终身之积惨，求数刻之暂欢，譬由疾疢弥年，而欲一丸销之，其可得乎？夫才生于世，世实须才。和氏之璧，焉得独曜于郢握？夜光之珠，何得专玩于随掌？天下之宝，当与天下共之。但分析之日，不能不怅恨耳。然后知聃周之为虚诞，嗣宗之为妄作也。昔騄骥倚辀于吴坂，长鸣于良乐，知与不知也；百里奚愚于虞而智于秦，遇与不遇也。今君遇之矣，勖之而已。不复属意于文，二十余年矣。久废则无次，想必欲其一反，故称指送一篇，适足以彰来诗之益美耳。琨顿首顿首。

此为刘琨答友人卢谌之书，书分三段。前段说彼此友情深厚，患难之中，通信谈心，万分感动，"慨然以悲，欢然以喜"。随即发出感慨，说"昔在少壮，未尝检括，远慕老庄之齐物，近嘉阮生之放旷，怪厚薄何从而生，哀乐何由而至"，这是检讨自身少壮时期，行止有所失误。这里具体说出欣赏"老庄之齐物""阮生之放旷"，是对玄学信仰的反思和悔悟，认为那是"未尝检括"，即不够正确的做法，显然是在做自我批评。书中接着写"自顷辀张，困于逆乱""国破家亡，亲友凋残"等灾难经历，这是人生不幸，难以排解，心情"不能不怅恨耳"。随即第三段说"然后知聃周之为虚诞，嗣宗之为妄作也"，认清了老庄之玄学及阮籍之放诞行为的性质。最后书中说这是"二十余年"来的思考结果。

　　刘琨在一篇之中，两次指出老庄思想和阮籍作风的错失，认为它们是"虚诞"、是"妄作"，虚假荒唐，胡作非为，不但导致国家灾祸，而且贻害个人。对于刘琨的评论，我们有必要来审视一番，看看他说得是否正确，是否存在误解或夸大。

　　刘琨在书信中审视自身数十年经历，说他"少壮"时有"未尝检括"的行为，承认自己的错误。而其原因就是"远慕老庄之齐物，近嘉阮生之放旷"，亦即是受老庄、阮籍的影响而误入歧途。后来遭遇"自顷辀张，困于逆乱，国破家亡，亲友凋残"等困境，才明白事实真相。"然后知聃周之为虚诞，嗣宗之为妄作也"，又是说老庄、阮籍的那套做法，还导致了社会国家出现大灾难，这是对老庄玄学和阮籍行为的全面否定。如此严厉的负面评价，在魏晋时期极少看到。又由于这里的批评含有刘琨自身数十年的生活体验，又结合整个国家社会的灾变事实来论述，所以比起此前一些人对玄理的一般性批评，如上述伏义等人那种浅薄的"瞽夫""琐虫"式的见解，更显得有理有据。

刘琨如此批评老庄玄学和阮籍，称其为"虚诞""妄作"，而且与国家民族命运联系在一起分析，应当说是一种宏大的批评。这种批评的观点和结论是否完全符合历史事实，有待我们进一步论证，而基本问题就是西晋社会的解体和崩溃，是否是由老庄学说和阮籍作风的蔓延影响所造成的。

为此，我们首先应当澄清一点：老庄学说（玄学）和阮籍作风的本质及其真相是什么？其实老庄学说是先秦时期诸子百家当中的两大家，按照司马迁的说法，它们的基本宗旨是"老子所贵道，虚无，因应变化于无为，故著书辞称微妙难识。庄子散道德，放论，要亦归之自然"（《史记·申不害韩非列传》），"道家使人精神专一，动合无形，赡足万物。其为术也，因阴阳之大顺，采儒墨之善，撮名法之要，与时迁移，应物变化，立俗施事，无所不宜，指约而易操，事少而功多"（《论六家要旨》，《史记·太史公自序》），"道家者流，盖出于史官。历记成败存亡祸福古今之道，然后知秉要执本，清虚以自守，卑弱以自持，此君人南面之术也……及放者为之，则欲绝去礼学，兼弃仁义，曰独任清虚可以为治"（《汉书·艺文志》）。它们都指出道家的基本宗旨是从自然出发，主张"虚无""清虚"，无为而治。当然，这仅仅是老庄之学的思想主张，后来的道家及玄学家的主张都有所衍变，需要具体考察。至于魏晋时期道家人物的言论行动，因时势变易，也有不少改变，并非完全因袭老庄之思想。但总体上道家的主张就是，个人修养以清静无为为主，社会治理则以无为而治为主，这也仅仅是从理论主张上看的。历史上的所谓"道治"社会，如汉文帝时期[1]，则有许多具体发挥和调整的措施，难以用同一标准来衡量。而刘琨以"齐物""虚诞"来概括其宗旨，显得不那么准确。

---

[1]《史记·礼书》："孝文即位，有司议欲定仪礼，孝文好道家之学，以为繁礼饰貌，无益于治，躬化谓何耳，故罢去之。"

至于阮籍作风是否可以"浮华"概括？亦未必然。史载"籍放诞有傲世情，不乐仕宦"（《世说新语·任诞》注引《文士传》），此三点是紧密联系着的。"二十四友"的浮华作风，绝无"傲世情"，更无"不乐仕宦"，它与老庄之学、阮籍之风属于两种风致，并非同一品格，不可混为一谈。至于"放旷""妄作"是否可以概括阮籍作风，可以认为阮籍的"任诞"作风与"放旷"基本符合，但说他"妄作"则显得过分，因为人所共知，阮籍在"任诞"的同时，还有他"至慎"的一面，一般情况下他是不敢"妄作"的。上举劝进文之例，就是明证。

再看西晋文士，特别是"二十四友"成员，那些刘琨曾经的亲密同伙，他们是否都与老庄或阮籍有关联，"远慕老庄之齐物"或"近嘉阮生之放旷"？应当说，他们中的一些人可能接触过老庄玄理，思想作风有所沾染，其程度深浅不一。但是大部分人的基本信仰肯定不在老庄道家，而在追求名位功利、物质利益，因此其举止亦多奢侈浮华。相关史籍明确记载这些表现，"（贾谧）开阁延宾。海内辐凑，贵游豪戚及浮竞之徒，莫不尽礼事之，或著文章称美谧"，"世俗浅薄，士无廉节，贾谧小儿，恃宠恣睢，而浅中弱植之徒，更相禽习，故世号鲁公二十四友"（《晋书·阎缵传》），"（石崇）望尘而拜，其卑佞如此""以奢靡相尚"（《晋书·石崇传》），"（潘）岳性轻躁，趋世利，与石崇等谄事贾谧，每候其出，与崇辄望尘而拜。构愍怀之文，岳之辞也。谧二十四友，岳为其首"（《晋书·潘岳传》）。这些就是对"二十四友"核心人物的表现的适当叙述，其要点就是"浅薄""浮竞"等。贾谧、石崇、潘岳之外，夏侯湛"族为盛门，性颇豪侈，侯服玉食，穷滋极珍"（《晋书·夏侯湛传》），亦以豪奢为性；陆机、陆云出身东吴贵族，而以才气闻名。"时中国多难，顾荣、戴若思等咸劝机还吴，机负其才望，而志匡世难，故不从"（《晋书·陆机传》），陆机既志在匡救时世，固无关于浮华，亦不涉于旷放，与老庄及阮籍几无关系。左思"家世儒学"，"感激勤学，兼善阴阳之术。貌寝，口讷，而辞藻壮丽。不好交游，惟以闲居为事"，"秘书监贾谧请讲《汉书》，谧诛，退居宜春里，专意典籍。齐王冏命为记室督，辞疾，不就"（《晋书·左思传》）。左思原本出身儒学，亦曾沾染过"阴阳之术"，但不涉老庄和阮籍。以上皆"二十四友"中人，故而刘琨将西晋社会淆乱、政权覆亡，归咎于"老庄""阮公""齐物""虚诞"等，其说法实有差池，不足为凭。即使是刘琨本人，虽自述尝有"老庄"之"远慕"、"阮生"之"近嘉"，然而史籍记载其行止可查，仅述他有"俊朗""雄豪"之目，并无"任诞"及类似作风。

导致西晋社会战乱频仍、国家危亡、民众灾难深重的主要原因，其实历史上早有定论。西晋社会由治而乱，主要是政治人事体制造成的。武帝司马炎代魏登基，嗣后又灭吴，完成统一大业，当时南北各地皆大欢喜，百业繁荣，一派盛世景象。然而他不考虑积极进取、谨慎建设，反而冲昏头脑，以为皇权在握，便任意措置，用人不当，政策上出现严重失误，酿成祸乱。《晋书·武帝纪》篇末以唐太宗名义所撰"制曰"，对此有扼要解说：

（武帝）建立非所，委寄失才，志欲就于升平，行先迎于祸乱……况以新集易动之基，而无久安难拔之虑，故贾充凶竖，怀奸志以拥权；杨骏豺狼，苞祸心以专辅。及乎宫车晚出，谅暗未周，藩翰变亲以成疏，连兵竞灭其本……曾未数年，纲纪大乱，海内版荡，宗庙播迁。（《晋书·武帝纪》）

这里指出司马炎之错误在于：第一，"建立非所"，即对呆傻儿子过于宠爱，弱智惠帝继位不当，以致皇权等于空置，接着后妃干政，朝政大乱，腐败日甚；第二，他任命贾充、杨骏等"凶""奸"之徒为辅，钩心斗角，谋取私利，以致国无纲纪，人心思散；第三，他为确保皇权私利，让"蕃翰"即司马氏诸侯王各拥强兵，造成不久即"连兵"相争，内外杀伐，"竟灭其本"，终败邦国。此段"制曰"评论，其说必经唐初撰写者多方斟酌衡量，而其内容论点，揭示了西晋政治人事的关键，基本符合史实，并无虚饰或夸大言辞之嫌。至于晋初社会的士流风气，奢侈浮华，固然流弊不少，影响甚劣，然揆其原因，亦是腐败的政治大环境造成的士风之堕落。是政治影响士风，而非士风影响政治，更不是士风决定政治。士风堕落固然影响恶劣，但与上述政治人事问题比较，其重要性及影响力毕竟位居次要，而非决定性要素。故而刘琨将"困于逆乱，国破家亡，亲友凋残"之原因，归结为"老庄之齐物""阮生之放旷"，并未抓住要点，未免以偏概全也。

所以刘琨的叙述，如果是自我回顾检讨，并无问题。他"少壮"时对老庄玄理有所爱好，有所沾染，对于阮籍作风也颇为钦佩，但这只能是个人自述，不能以此概括当时一代文士的全部表现，尤其不能以此来说明整个社会衰败和沉沦的原因。而"浅薄""浮竞"或"浮华"作风是从哪里来的？其实不但与道家老庄和阮籍无关，与其他儒家、法家、墨家等派亦无本质关联，这是社会腐败堕落、人心不辨是非，唯以追求享受为人生目标的结果，是"纵欲"之结果，是时代倒退、人性沉沦、文明湮没的表现。说到底，它就是政治社会体制滋生出的负面文化现象，是皇权体制腐败必然产生的恶果。

总之，刘琨将他对个人体验的叙述、对人生道路的反思，以及对"少壮"时失误的检讨，融于他对老庄、阮籍的思索之中，勇气可嘉。面对国家命运、社会变故，他不计个人得失，深入思考，更是值得钦佩。但是他对西晋一代文士精神的堕落和社会历史变迁之原因的解释，不是很准确。老庄玄理及阮籍"放旷"任诞的作风对西晋社会产生的负面影响，即使是在"二十四友"中也没有那样大，它们更起不了那样巨大的历史作用。

刘琨对阮籍的关注，其意义主要有两点：第一，他是西晋时期最后的关注者；第二，他认为老庄玄理与阮籍作风极坏，不但"虚诞""妄作"，而且祸国殃民，这是对阮籍的评价中最为严厉的负面评价。

最后要说到张翰。他与刘琨几乎同时人，《世说新语·任诞》载：

> 张季鹰纵任不拘，时人号为江东步兵。或谓之曰："卿乃可纵适一时，独不为身后名邪？"答曰："使我有身后名，不如即时一杯酒。"

张翰字季鹰，是原东吴大鸿胪张俨之子，为当时著名才士，《晋书》有传。入晋后他被齐王司马冏召为幕僚，由此可以推知，他的生活年代不算晚，当在两晋之交。张翰与阮籍，无论所处时代、地域或人事，都有明显距离，并无任何关联瓜葛，但他也任诞成性，"使我有身后名，不如实时一杯酒"，成为一时名言。至于他为何被时人称为"江东步兵"？就是因为"纵任不拘"。《世说新语·任诞》有记载谓："步兵校尉缺，厨中有贮酒数百斛，阮籍乃求为步兵校尉。"阮籍为酒而求任步兵校尉，而张翰将"一杯酒"视若至宝，他就是出身于江东的"阮籍第二"。可见二人在时人心目中的位置，是前后两位以饮酒闻名于世的任诞文士代表。《世说新语》另一则文字又载张翰在洛阳见秋风起，"因思吴中菰菜羹、鲈鱼脍，曰：'人生贵得适意尔，何能羁宦数千里以要名爵！'遂命驾便归。俄而齐王败，时人皆谓其见机"。后节文字，列于《世说新语·识鉴》，可见他又被刘义庆列为"识"人"鉴"事的代表人物。[1]如此一位胸怀"明""智",而不求利禄,甘处山林,与酒结下不解缘的人物,成就了一位大名士。他在为人作风上"贵得适意尔",嗜酒如命,酷似阮籍,不愧誉为"江东步兵"。

不过张翰今存并无"关注"阮籍的文字,唯有多则相关事实记载,以证其确实颇似阮籍。如:

顾彦先平生好琴,及丧,家人常以琴置灵床上。张季鹰往哭之,不胜其恸,遂径上床,鼓琴,作数曲竟,抚琴曰:"顾彦先颇复赏此不?"因又大恸,遂不执孝子手而出。(《世说新语·伤逝》)

贺司空入洛赴命,为太孙舍人。经吴阊门,在船中弹琴。张季鹰本不相识,先在金阊亭,闻弦甚清,下船就贺,因共语。便大相知说。问贺:

---

[1]《世说新语》注引《文士传》曰:"张翰字季鹰,父俨,吴大鸿胪。翰有清才美望,博学善属文,造次立成,辞义清新。大司马齐王冏辟为东曹掾。翰谓同郡顾荣曰:'天下纷纷未已,夫有四海之名者,求退良难。吾本山林间人,无望于时久矣。子善以明防前,以智虑后。'荣捉其手,怆然曰:'吾亦与子采南山蕨,饮三江水耳!'翰以疾归,府以辄去,除吏名。性至孝,遭母艰,哀毁过礼。自以年宿,不营当世,以疾终于家。"

"卿欲何之?"贺曰:"入洛赴命,正尔进路。"张曰:"吾亦有事北京。"因路寄载,便与贺同发。初不告家,家追问乃知。(《世说新语·任诞》)

这些行为证明,张翰实在是"纵任不拘"到了极点。他不是一般地爱好音乐,而是极其投入,一旦进入,忘乎一切,既可以不顾人家正在服丧,当场弹琴,弹完了还要问已故好友"颇复赏此不",要亡友死而复生来回答他的问题。而对正在服丧的"孝子",则连手都不握一下就走掉了。他偶尔听到船中有美妙的琴声,就贸然下船交谈,立即与船主成为知友,而且毫无准备地就突然要与那位新友一起前往遥远的"北京"[1],弄得家人不知所措。如此表现,其性情也真是与阮籍近似,到了"痴"的程度。所以"江东步兵"之号,实在不算虚誉。张翰著作,最享盛名者为《首丘赋》,是他离开洛阳回归吴中时所撰,流传一时,《晋书》本传谓"文多不载""年五十七卒。其文笔数十篇行于世"。然而今存张翰文字,难觅片言,其中是否有与阮籍相关文字,则更难确考了,实为一大遗憾。唯有"江东步兵"一语,成为他与阮籍

---

[1] 西晋时,江南人流行将洛阳称为北京,意指"位于北方的都城"。

有关的不灭证据。不过此"阮籍关注"究竟出于张翰本人？还是出于当时舆论？殊难判断，或许两者皆有吧。而其寓意则为：即使时至"江东"（东晋），（阮）"步兵"仍然在世！

自魏末开始，直到两晋之交，"阮籍关注"由盛而衰，"江东步兵"以后百余年，东晋人士对阮籍似乎再也不感兴趣，几乎由生而灭了。所以刘琨、张翰事实上结束了整个魏晋时期的"阮籍关注"，直到刘宋初，才有颜延之、谢灵运等人忽然又"关注"起了阮籍。在这一点上，阮籍与嵇康在后世影响的差距也有所显示。不过此为后话，兹不赘述。

# 第十五章

# 阮籍、嵇康的影响

阮籍和嵇康无论对当时还是后代，都产生了很大的影响。

前文已提及，在司马氏所建立的两晋王朝时期，嵇康一直备受广大正直文人的赞颂。这对司马氏来说，不无讽刺意味。一些著名文士如李充、袁宏、孙绰、庾阐等，都曾撰文对嵇康表示仰慕。袁宏不仅自己对阮籍、嵇康加以推尊，而且他的妻子李氏也写了一篇《吊嵇中散》，文中她把嵇康看作"命世之杰""先觉"，称吕安为"良友"，斥钟会为"恶人"，简直就是在为嵇康做翻案文章。

两晋以后，对阮籍、嵇康的评论、题咏就更多，发表意见也更加无所顾忌。如沈约在赞颂嵇康、阮籍的同时，对司马氏父子做了严厉挞伐，说："属马氏执国，欲以智计倾皇祚，诛锄胜己，靡或有遗。"(《七贤论》)宋代著名女词人李清照在其《咏史》中写道："两汉本继绍，新室如赘疣。所以嵇中散，至死薄殷周。"诗中所批判的"新室"和"殷周",都是"篡逆"政权,李清照在这里实际也是指司马氏的晋王朝为篡逆得来。此外,像明代著名宰相张居正等都有题咏,赞扬阮籍、嵇康的道德、文章,批判司马氏政权迫害残杀贤才的恶行。

阮籍和嵇康,除了他们的身世、事迹常被作为诗、文题材而加以题咏传颂,后世不少作者还从他们那里汲取了艺术上的营养。例如左思、张载等所作的《招隐诗》,就颇近似于嵇、阮的隐逸之作。特别是左思的《咏史诗》,"文典以怨,颇为精切,得讽谕之致"(钟嵘《诗品》),同阮籍《咏怀诗》中的某些咏史之作风格很接近。郭璞的《游仙诗》与阮籍的《咏怀诗》相比,不但忧生惧祸之思相似、高蹈隐遁之志略同,就是表现手法也有类似的地方,如比兴的运用、神话和历史人物的穿插描写等。两晋最伟大的诗人陶渊明,他的许多抒怀述志诗,其自然朴素、隽永淡雅的风格,同阮籍作品也存在着某种内在联系。所以胡应麟说:"元亮(陶渊明字)得步兵之澹,而以趣为宗。"(《诗薮》)近人陈延杰也认为:"综合观之,陶诗学应璩,而又以阮籍、张协、左思化之。"(《诗品注》)至于陶渊明的四言诗,同嵇康作品的关系就更密切一些。另外,东晋著名女诗人谢道韫作有《拟嵇中散咏松》,诗篇很得嵇康《游仙诗》的神髓。

鲍照有一首《拟阮公夜中不能寐》："漏分不能卧，酌酒乱繁忧。惠气凭夜清，素景缘隙流。鸣鹤时一闻，千里绝无俦。伫立为谁久？寂寞空自愁。"与阮籍《咏怀诗》第一首的意境大体可比。和鲍照同时有一人叫王素，家贫母老，隐居不仕，朝廷屡征不就。他作有一诗《学阮步兵体》，诗中一方面"沉情发遐虑"，抒述自己的"郁思"，一方面又"寄言芳华士，宠利不常期"，对那些追名逐利之徒表示轻蔑。这与阮籍《咏怀诗》中讽刺"当路子""繁华子"等，有着相似的倾向。两晋以后，直到唐代，《咏怀诗》式的作品更是风行，如庾信《拟咏怀》二十七首、陈子昂《感遇》三十八首、李白《古风》五十九首，都是内容广泛深厚，以言志抒情为主的大规模五言组诗，性质上与阮籍《咏怀诗》很接近。

以上说的多是诗，而从散文方面看，情形亦类似，特别是嵇、阮的论说文，对两晋文风影响很大。两晋的论说文，在理论上有李充等人的推尊标举，在实践上则有裴頠、束皙、孙楚、庾阐等人的潜心写作，虽然思想内容同嵇、阮不尽一致，有的甚至观点对立，但在注重"校练名理"、对事物做绵密的分析论证上，可以说是承继了嵇、阮，特别是嵇康的余绪。论说文之外，嵇康的传记散文影响也不小。皇甫谧是魏末晋初著名文士，他不慕荣贵，专事著述，也写了一部《高士传》。虽然文多散佚，但从今存片段看，与嵇康《圣贤高士传》很相近。如《高士传》中写的焦先，也是一位"一世之人不足以挂其意，四海之广不能以回其顾"的半隐半仙人物。其写法也是一人一传的短篇传记形式。晋宋之间著名隐士周续之，"常以嵇康《高士传》得出处之美，因为之注"（《宋书·隐逸传·周续之传》）。而南朝阮孝绪著有《高隐传》，共写一百三十七人，说"昔嵇康所赞，缺一自拟"（《南史·隐逸传·阮孝绪传》），可见其书基本上也是沿袭嵇康的思路写的。可以说两晋以及南北朝时期各种史书之外的短篇传记大量出现，如《高士传》《逸士传》《文士传》《列女传》《列仙传》《高僧传》《神僧传》《至人高士传》等，嵇康是导其波澜者。

总而言之，阮籍和嵇康不愧是正始文学的巨擘，他们在中国文学史上写下了光辉的一页，对后世的文学产生了深远的影响。

# 附　录
# 嵇康《与山巨源绝交书》非绝交之书论

嵇康《与山巨源绝交书》素称名篇，历来为学界所重点关注，在写作背景及思想内涵、文章特色等各方面，古今论者颇多阐释，几无剩义。然而该文章仍有一些重要问题有待澄清。作为该文基本背景的嵇康与山涛的"绝交"问题，亦即文章写作目的、文章篇名，窃以为颇存疑义，值得重新审视并加以讨论。

## "绝交书"之写作意图

我首先从阅读直觉出发提出问题。篇名既题作"绝交书"，文章性质当与"绝交"相关。但认真读过全文，未见文中有明确绝交言论及语气。文章作为书函，其对象盖为山涛无疑。然而观文中所有关于山涛言辞，难以得出作者有"绝交"意向，为此不能不自原文说起。嵇

康的"绝交书",开首即致意山涛,其云:

> 康白:足下昔称吾于颍川,吾常谓之知言。然经怪此意,尚未熟悉于足下,何从便得之也?前年从河东还,显宗、阿都说足下议以吾自代。事虽不行,知足下故不知之。足下傍通,多可而少怪。吾直性狭中,多所不堪,偶与足下相知耳。间闻足下迁,惕然不喜,恐足下羞庖人之独割,引尸祝以自助,手荐鸾刀,漫之膻腥,故具为足下陈其可否。

此段文字在于向对方申说本文写作意图,意指甚明。先叙在"昔"嵇康曾以为对方"谓之知言",即曾经以为了解自己,并且当时即颇以为"怪",所怪者为对方对于自己的了解"何从便得之也",但自"前年"之后,因"阿都"说起山涛"以吾自代"之事,嵇康便明白山涛对自己"故不知之",原来只是"偶与足下相知耳"。然后便述"间闻足下迁,惕然不喜",这里说及目前所面对的现实问题,即山涛即将升迁,嵇康唯恐对方"引尸祝以自助",再来劝说自己出仕,"以吾自代",遂不得不向对方说明自己的真实想法,"故具为足下陈其可否"。可知本书之作,非为他,盖向山涛解释不愿出仕之事由也。文章态度既说不上亲切友好，亦无明显强烈敌意。而此段文字之中，并无"绝交"用语，亦无类似意思之表达，则是十分明确的。

文章在此开首部分之后，即进入"具为足下陈其可否"部分，亦即此书之主体部分。作者以大段文字，包括"必不堪者七，甚不可者二"等著名段落，向对方"陈其可否"。其中所说，虽颇有激烈言辞，但所指对象并非山涛，而是针对"礼法""名教"等政教道德规范，是以社会思想观念之批判为主，而非对山涛个人发出的贬斥，故而与"绝交"亦基本无涉，此点甚明。所谓"陈其可否"，是论述本人仕进之可否，而非其他人事关系，更非与山涛之间关系之可否。

文末部分，又转而对山涛个人表示意见。其云：

今但愿守陋巷，教养子孙；时与亲旧叙阔，陈说平生；浊酒一杯，弹琴一曲，志愿毕矣。足下若嬲之不置，不过欲为官得人，以益时用耳。足下旧知吾潦倒粗疏，不切事情，自惟亦皆不如今日之贤能也。若以俗人皆喜荣华，独能离之，以此为快，此最近之，可得言耳。然使长才广度，无所不淹，而能不营，乃可贵耳。若吾多病困，欲离事自全，以保余年，此真所乏耳，岂可见黄门而称贞哉！若趣欲共登王涂，期于相致，时为欢益，一旦迫之，必发其狂疾。自非重怨，不至于此也。野人有快炙背而美芹子者，欲献之至尊，虽有区区之意，亦已疏矣。愿足下勿似之。其意如此，既以解足下，并以为别。嵇康白。

"但愿"云云，基本上仍是自述人生志向，再次申说自己希望过普通百姓的生活，"志愿毕矣"。嵇康在此自述既非"俗人"，亦非"长才广度"，又谓"吾多病困，欲离事自全"，希望山涛理解。对于山涛，文中有将他视为"俗人""野人"之倾向，但也只是以譬喻出之，并无直接指称，只是说"愿足下勿似之"而已。"足下若嬲之不置"等，是说山涛过分坚持要求自己出仕，对自己构成精神骚扰。嬲，李善注曰"擿娆也。音义与娆同"，为纠缠、烦扰之义。末数句甚可注意："其意如此，既以解足下。并以为别。嵇康白。"这是概括全文，表明最后的态度，而"解足下"者，向对方作解释、解析也。"别"[1]为道别、离别之意，江淹《别赋》曰"黯然销魂

---

[1] 王逸《楚辞章句》曰："离，别也。""别"即"离"义。

者，惟别而已矣"，又云"别方不定，别理千名"，"别"字固不可遽作"绝交"解。总之，观嵇康"绝交书"全文，自"康白：足下昔称吾于颍川"始，至"既以解足下。并以为别。嵇康白"止，只是以剖明心志为主，兼说对方不能理解己意。文末所云"野人"等数语，再次表示其不愿出仕之坚决态度。即使如此，在"欲共登王涂，期于相致，时为欢益"等语气中，同样显示出嵇康从山涛的"自代"建议中体会到了世俗的善意。所以从嵇康此书，实在很难看出有何欲与对方断绝一切个人关系之"绝交"意向。

总之，嵇康写作此"绝交书"之意图，自上引首尾二段文字，以及中间大段陈说"必不堪者七，甚不可者二"等文字中，已经自述明白清楚。他撰写此书的主旨就在于"陈其可否"，陈说自己对于出仕的态度，文章一切皆围绕其出仕之"可否"问题展开，而非陈说与山涛之个人关系。所以他的态度虽是明确决绝的有"否"而无"可"，却皆与"绝交"问题无涉。

### 嵇康与山涛的关系经历始末

以上所论，只是对一篇文章的文本分析，对原著内容主旨的体认。然而一篇文章的内容，未必能够完全反映全部历史事实，故而需要再考察嵇康、山涛二人关系经历的始末，来对二人是否曾经"绝交"的问题做进一步认识。

嵇康与山涛的个人关系，当然首先是竹林之友，彼此相契甚早。记载此事者，有东晋初孙盛：

> 与陈留阮籍、河内山涛、河（南）向秀、籍兄子咸、琅邪王戎、沛人刘伶，相与友善，游于竹林，号为"七贤"。(《三国志·王粲传》裴松之注引《魏氏春秋》)

此处明确提出"竹林七贤"的称谓，以嵇康为首，而山涛名列第三。其后有刘宋刘义庆曰：

> 陈留阮籍、谯国嵇康、河内山涛，三人年皆相比，康年少亚之。预此契者：沛国刘伶、陈留阮咸、河内向秀、琅邪王戎。七人常集于竹林之下，肆意酣畅，故世谓"竹林七贤"。(《世说新语·任诞》)

这里将七人大略分为两部分，前一部分为阮籍、嵇康、山涛，后一部分为余四人。后四人既称"预此契者"，则前三人是核心"契者"甚明。又其后《晋书·嵇康传》亦载其事：

> 所与神交者惟陈留阮籍、河内山涛，豫其流者河内向秀、沛国刘伶、籍兄子咸、琅邪王戎，遂为竹林之游，世所谓"竹林七贤"也。

这里说"竹林七贤"，亦以嵇康为叙述核心，同时也说出六位"林友"与嵇康关系之不同。六人亦分两个关系层次，第一个层次是"与神交者"，第二个层次是"豫其流者"，其分界与《世说新语》全同。可知在"竹林七贤"内部，山涛也是与嵇康关系最密切之人，属于"神交"之列，非一般友人所堪比拟。《晋书·山涛传》又载：

> 居贫，少有器量，介然不群。性好《庄》《老》，每隐身自晦。与嵇康、吕安善，后遇阮籍，便为竹林之交，著忘言之契。

"忘言之契"与"神交者"，二处所写，意思略同，可知山涛与嵇康、阮籍关系之密切程度。而他与嵇康相交，还在阮籍之先。嵇康在"绝交书"中称山涛"吾常谓之知言""足下旧知吾"，尽管含有婉转批评之意，却仍是老友口气。需要注意的是，山涛还与吕安"善"，而吕安也是嵇康的挚友，与嵇康一样，具有叛逆性格，他们最终还同被陷害。由此亦可知，山涛与嵇康的关系，不是偶然相交，而是深层次的"神交"。此外尚有若干文献叙嵇康与山涛之间的情谊，如：

山公与嵇、阮一面，契若金兰。山妻韩氏觉公与二人异于常交，问公，公曰："我当年可以为友者，唯此二生耳！"（《世说新语·贤媛》）

涛雅素恢达，度量弘远，心存事外，而与时俛仰。尝与阮籍、嵇康诸人著忘言之契。（《世说新语·贤媛》注引《晋阳秋》）

嵇康，谯人，吕安，东平人。与阮籍、山涛及兄巽友善。（《文选·思旧赋》注引干宝《晋书》）

这就是嵇康与山涛二人在"绝交书"撰写之前的关系，

是"神交""忘年之契""契若金兰"的关系,可以说毫无"绝交"之痕迹或征兆。至于"绝交书"出现之际的二人关系,最早的叙述者也是孙盛,其云:

> 山涛为选曹郎,举康自代,康答书拒绝,因自说不堪流俗,而非薄汤、武。大将军闻而恶焉。(《文选·与山巨源绝交书》李善注引《魏氏春秋》)

孙盛所说的"康答书拒绝",自上下行文看,嵇康"拒绝"的是山涛"举康自代"之事,而非山涛其人,所以其"拒绝"之说并不意味着"绝交"。孙盛为东晋初著名史家,上距魏末约半个世纪,撰有《魏氏春秋》《晋阳秋》等著作,"《晋阳秋》词直而理正,咸称良史焉"(《晋书·孙盛传》),所说可信度高。此后又有刘义庆,其谓:

> 山公将去选曹,欲举嵇康,康与书告绝。(《世说新语·栖逸》)

同时又有裴松之谓:

> 山涛为选官,欲举康自代,康书告绝,事之

明审者也。(《三国志·王粲传》)

又有刘孝标《世说新语》注引《康别传》云：

> 山巨源为吏部郎，迁散骑常侍，举康，康辞之，并与山绝。岂不识山之不以一官遇己情邪？亦欲标不屈之节，以杜举者之口耳。乃答涛书，自说不堪流俗而非薄汤、武。大将军闻而恶之。

按刘义庆所云"康与书告绝"，裴松之云"康书告绝"，行文中皆未明言"绝交"。体味其意指，基本上并未改变孙盛所说要点，即嵇康"告绝"之"书"是针对"举康自代"之事而发，并非针对山涛其人。所以诸说嵇康之"书""告绝"或"绝"，如理解其含义为"拒绝"，则大体不谬；若解为"绝交"，则未免有误，是一种不准确的推衍。刘义庆、裴松之的时代，上距魏末已近二百年，可知当时尚无"绝交"之说正式出现，此亦"事之明审者也"。不过《康别传》中所谓"康辞之，并与山绝"，语意含糊，一个"并"字，一个独立的"绝"字，已经潜藏着向"绝交说"过渡的可能。《康别传》作者不明，其书当出于两晋间。

嵇康之死，是受钟会之谮被司马昭所加害。有说山涛亦有所牵连，此即郭颁《世语》所载：

> 毌丘俭反，康有力，且欲起兵应之；以问山涛，涛曰："不可。"俭亦已败。（《三国志·王粲传》注引《世语》）

而《晋书》亦写道：

> 会以此憾之。及是，言于文帝曰："嵇康，卧龙也，不可起。公无忧天下，顾以康为虑耳。"因谮"康欲助毌丘俭，赖山涛不听。昔齐戮华士、鲁诛少正卯，诚以害时乱教，故圣贤去之"。（《晋书·嵇康传》）

钟会之说，固是私下谮言，是否属实，颇可怀疑。但《世语》是正面记述，不可不认真对待。设若此事属实，则表明山涛与嵇康二人曾经讨论过当时极其重要而敏感的政治军事事件，而山涛对嵇康的政治取向产生过影响，使他没有去"助毌丘俭"。就事理言，此记载倒也符合嵇、山二人各自的个性和行为方式，因为嵇康性格"刚肠疾恶，轻肆直言，遇事便发"，而山涛为人作风"平心处中"，要平和稳重得多。综合关于此事的各种材料看，山涛当时劝阻了嵇康"且欲起兵应之"的激烈行为，但他事后似乎未向司马氏举报，使得司马昭一直不知情。毌丘俭起兵发生在正元二年（公元255年），嵇康之死发生在景元四年（公元263年），也就是说，山涛为嵇康隐瞒其事近十年之久，表明他并未卖友求荣，并未违背"金兰之契"。至于嵇康案发后，"康欲助毌丘俭"话题被提出，山涛为何未尝受到连带责罚，并且一直得到司马氏的信任重用？当然与他"与宣穆后有中表亲"（《晋书·山涛传》）直接相关。

考察嵇康撰写"绝交书"前后与山涛的关系，我们不能忽略他在临终时对嵇绍的一句嘱咐，此即《晋书·山涛传》所载：

　　康后坐事，临诛，谓子绍曰："巨源在，汝不孤矣。"[1]

---

[1]《通志》卷一百二十二引作"著忘言之契。康后坐事，临刑谓子绍曰：'巨源在，汝不孤矣。'"有一字之差。

此临终语，分量很重。父死为"孤"，"不孤"即父犹未死。嵇康在此告诫当时仅八岁的儿子嵇绍，自己死后，山涛可以替代自己，充任父亲角色。嵇康在政治上拒绝了山涛的"自代"建议，临终时却反过来要山涛在人伦上"自代"儿子之父。这里表现出嵇康对山涛的无间信任，体现了真正的"忘言之契"。嵇康之言是对嵇绍所说，山涛不在场，他如何能有把握山涛会践行嵇绍的代父角色？若无深厚诚挚的友情，这里的信任便无从产生，此"托孤"性质之语岂能随便说出？按嵇康被害时间，可以判断即在"绝交书"撰写后不久。因书中"非汤、武而薄周、孔"等语刺痛司马昭，使之最终认清嵇康不可能为自己所用，自此"大将军闻而怒焉"，下了杀害嵇康的决心。嵇康被害与此"绝交书"之撰写既然直接相关，二事先后间隔甚近，不会超过数月，当在同一年（景元四年）内。设若嵇康先有绝交山涛之举，然后不久又有托孤山涛之事，二事互相抵触若此，发生时间距离又如此靠近，嵇康行事当不致如此悖理也。

再看山涛在嵇康死后的表现，此集中在对嵇绍的态度上。据载：

嵇康被诛后，山公举康子绍为秘书丞。绍咨

公出处,公曰:"为君思之久矣。天地四时,犹有消息,而况人乎?"(《世说新语·政事》)

时过二十年,山涛在"举康自代"之后又有"举"嵇绍之行动。尤其一句"为君思之久矣",表达了对嵇绍的长久关心,实际上也流露出内心对嵇康的情谊始终不曾稍减,"为君"不仅为嵇绍,亦为嵇康也。由此亦可反证,山涛是知道嵇康托孤之意的,其"天地四时""思之久矣"之言,语重心长,也是对亡友嵇康的生死回应。千年以下,我们尚能读出其中饱含深厚情谊。另一方面,嵇绍在事关出处的人生重大问题上请"咨"山涛,亦可知他对山涛的信任非比寻常,他实践着嵇康"汝不孤"的遗嘱。嵇绍对山涛的信任,当然是嵇康对山涛信任的延伸。

山涛荐举嵇绍,其时虽嵇康被害已久,西晋王朝已经相当稳固,但此举在政治上并非毫无风险,据载:

时以绍父康被法,选官不敢举,年二十八,山涛启用之。世祖发诏以为秘书丞。(《世说新语·政事》注引《晋书》)

当时其他选官竟"不敢举"嵇绍,以致嵇绍二十八岁尚未入仕,而原因不外是嵇康"被法"之事。可见嵇康案在西晋初,因涉及司马昭杀害名士,仍是一个敏感问题,处理稍有不慎,便可能触犯司马氏皇室之忌,当时许多官员都深明此中利害,故而"不敢举"。可知山涛出面荐举嵇绍,实非简单易行,而是存在相当风险。因此,我们看到山涛在荐举过程中,处理此事亦小心翼翼。据载:

> 诏选秘书丞,涛荐曰:"绍平简温敏,有文思,又晓音,当成济也。犹宜先作秘书郎。"诏曰:"绍如此,便可为丞,不足复为郎也。"(《世说新语·政事》注引《山公启事》)[1]

事情本来是晋武帝先提出的,他要选一名秘书丞。作为主选官的山涛此时抓住了机会,乘机将嵇绍推荐出来。他在这里表现出的既是机敏,更有勇气。但是他还是担心嵇康事件会对嵇绍的仕途有所妨碍,内心对司马炎将

---

[1]《三国志·王粲传》裴松之注亦有记载,文字略同,作"康子绍,字延祖。少知名。山涛启以为秘书郎,称绍:'平简温敏,有文思;又晓音,当成济者。'帝曰:'绍如此,便可以为丞,不足复为郎也。'遂历显位"。

会是什么态度没有把握。其实不独山涛，嵇绍本人也很担心自己能否被晋武帝接受：

> 绍惧不自容，将解褐，故咨之于涛。(《世说新语·政事》注引《竹林七贤论》)

当时嵇绍面对出处问题，也很忐忑不安，所以他才去向山涛请教。山涛从政经验丰富，为避免造成荐举不成的尴尬局面，他精心设计了一个以退为进的方案：一方面要荐举嵇绍；一方面降低荐举的规格，只推荐嵇绍任秘书郎。郎位在丞下，如此可减少司马炎接受嵇绍的心理阻力。山涛作为一名老练官僚，在此真是将他的全套本事都使出来了。而其目的，不外是为安排故友嵇康的后人，以不负当年"金兰之契"及嵇康托孤之信任。当然，事情本身进展超乎想象的顺利，晋武帝不但爽快同意嵇绍出仕，还说"绍如此，便可为丞，不足复为郎也"，一步到位。但是山涛在整个荐举过程中既敢冒风险又处心积虑，都让我们看到了他对嵇康历久不渝的情谊。

总之，无论从嵇康生前与山涛"著忘言之契"，还是从嵇康临终前对山涛的态度及死后山涛对待嵇绍的态度看，他们二人"林友"关系的深挚，是无可否认的。难以设想,二人曾经绝交过。如有绝交之事,则嵇康临终前对儿子的嘱咐,其后山涛对嵇绍的关怀帮助,以及嵇绍对山涛的信任,皆难以解释。即使山涛出于自身沽名钓誉的需要,故作姿态,做出奖掖前友人之子的伪善举动,以博得"重义"或"尚友"名声,挽回因嵇康"绝交"之事所必然受到的道义名誉上的重大打击。但作为嵇康亲子的嵇绍,他明知对方是父亲"绝交"之人,为何还会在关系自身重大切身利害的问题上,专门往"咨"曾被"绝交"的山涛?在当时士大夫极看重名节的背景下,难道他就不怕得"不肖之子"的恶名?魏晋间士大夫盛行品目评论,士人如有丑恶行止,自会受到挑剔,在品目中有所反映,而从当时士流对山涛、嵇绍二人的品评看,二人所得品目皆颇崇高,并未受到任何恶评。如:

　　晋武帝每饷山涛恒少。谢太傅以问子弟,车骑答曰:"当由欲者不多,而使与者忘少。"(《世说新语·言语》)

　　济有人伦鉴识,其雅俗是非,少有优润。见湛,叹服其德宇。时人谓湛"上方山涛不足,下比魏

舒有余"。(《世说新语·赏誉》注引《晋阳秋》)

谢玄赞美山涛欲"少",王济叹服山涛德"上",可见其时誉确实甚隆,经得起对人"少有优润"如王济者的鉴识挑剔,表明其德行至少并无明显亏缺。

## "绝交"之由来

既然从文章文本及历史事理多方面看,嵇康与山涛之间都未曾发生过"绝交"事态,那么为何今存嵇康文章之篇名作"绝交书"字样?而且《文选》及《艺文类聚》等早期文本皆有"绝交"标题,对此应作何解释?意者理解此问题,当以本文内容与事实为据,至于篇名标题所示,既与文本意义及历史事实发生龃龉,则问题出在标题的可能甚大。为解明此问题,须自古代书记(书札、书笺)体制说起。

古代书记的发展过程,据刘勰的说法,则"三代政暇,文翰颇疏;春秋聘繁,书介弥盛","及七国献书,诡丽辐辏;汉来笔札,辞气纷纭"。(《文心雕龙·书记》)可知书记之体,当繁盛于春秋战国,而大备于汉。刘勰所举汉代书记四篇名作,分别为"史迁之《报任安》，东方之《谒公孙》，杨恽之《酬会宗》，子云之《答刘歆》"。然观四篇作品，其初始文本篇题皆甚简单，其中一篇今已不见文本，题目更难以确定[1]，余三篇则作《报任少卿书》《报孙会宗书》《答刘歆书》。就篇题言，皆仅由两部分构成：一为动词，表明致书为主动或被动方式，主动作"与"，被动作"报"或"答"；二为名词，多是人名或字，表明致书对象。再看《文选》收录的"书"类作品，计得十六人二十二篇。谨将篇目全部抄录如下：

  李陵《答苏武书》
  司马迁《报任少卿书》
  杨恽《报孙会宗书》
  孔融《论盛孝章书》
  朱浮《为幽州牧与彭宠书》
  陈琳《为曹洪与魏文帝书》
  阮瑀《为曹公作书与孙权》

---

[1] 黄叔琳注曰："《公孙弘传》：武帝时，北筑朔方，弘谏以为罢弊中国。上使朱买臣等难弘置朔方之便，发十策，弘不得一。按：《东方朔传》有《答客难》，无'难公孙弘'事。"（《文心雕龙·书记》）

曹丕《与朝歌令吴质书》《与吴质书》《与钟大理书》

曹植《与杨德祖书》《与吴季重书》

吴质《答东阿王书》

应璩《与满公琰书》《与侍郎曹长思书》《与广川长岑文瑜书》《与从弟君苗君胄书》

嵇康《与山巨源绝交书》

赵至《与嵇茂齐书》

孙楚《为石仲容与孙皓书》

丘迟《与陈伯之书》

刘孝标《重答刘秣陵沼书》

在以上所列全部"书"类作品中，题目作"与（或'报''答'）××书"体制者占二十篇，它们的结构相对简单，题中无任何内容提示或指向性文字。例外者唯二篇，即孔融、嵇康所撰作品。其特别之处，是结构相对稍复杂，即它们在篇题之中有内容提示或指向性文字——"论盛孝章""绝交"等字样。然而这两篇的标题，其实在体制格式上都各自存在特殊情况，需要细加考察说明。

先说孔融之书。今所见最早言及此书文献为《文选》李善注引虞预《会稽典录》，其云：

盛宪，字孝章，器量雅伟，举孝廉，补尚书郎，迁吴郡太守，以疾去官。孙策平定吴会，诛其英豪，宪素有名，策深忌之。初，宪与少府孔融善，忧其不免祸，乃与曹公书，由是徵为都尉，诏命未至，果为权所害。

可知孔融这篇文章在其初始出现的文献中，其篇题唯作"与曹公书"，并无"论盛孝章"等字样，此篇题构成情况，正与汉代一般书记篇名同。故"论盛孝章"等四字，当是后人据文意所加。原书中确有赞论盛孝章的内容，如"今之少年，喜谤前辈，或能讥评孝章。孝章要为有天下大名，九牧之人，所共称叹"等，加入四字，并无不妥，但体制上已非原有篇名。虞预其人，东晋初人，任朝廷著作郎、散骑侍郎等，著《晋书》四十余卷，《会稽典录》二十篇，《晋书》有传，生活时代早于萧统将近二百年，其对于孔融书记的称谓，自然也更加接近于原始状态。至此可以基本确定，孔融文章本作"与曹公书"，其体制并未突破传统一般格式。"论盛孝章"四字，当是虞预之后的某人所拟加。至于拟加此篇名者为谁？或即《文选》编纂者昭明太子萧统乎？千年之后，苦无证据，悬测而已，莫能定也。

至于嵇康"绝交书"之篇名流传，上文已说及亦始见于《文选》，此外尚有《文心雕龙》，虽未引出全文，但言及"嵇康《绝交》，实志高而文伟"（《书记》）。萧统、刘勰，生活时代略同，故二人并为"绝交"标题之始著录者，更早则再无文献记载该篇作品有"绝交"篇名。而在萧、刘二人之前，早有东晋初孙盛在《魏氏春秋》中记载嵇康之书，而并未言及"绝交"二字。其原文已见前引，作"及山涛为选曹郎，举康自代；康答书拒绝，因自说……"云云。孙盛在此则文字中，记载了山涛"举康自代"与嵇康"答书"的事实，但未说出嵇康之书的篇名，只是说"答书"的性质为"拒绝"。孙盛上距嵇康时代仅五十余年，下比萧统、刘勰早约二百年，又加"笃学不倦"，号为"良史"，他对嵇康著作情况的了解，应当比萧统、刘勰更加清楚，其表述亦更可信。孙盛所谓"答书拒绝"，观上下文义，不难理解，当指嵇康"答书"山涛，"拒绝"其"自代"建议。此"答书"所"拒绝"者，非山涛其人，而是山涛所建议之事。嵇康文章本身，固无绝交内容及意向，已如上述。所以孙盛以"拒绝"概括全文，不言"绝交"，其表述准确，为可以采信之说。

另外裴松之于此问题上的态度，亦颇说明问题。其上《三国志注》时间在刘宋元嘉六年（公元429年），裴氏写作态度比较客观少偏向，收集资料亦很广泛。其生活时代，在孙盛之后又将近百年，当时所见有关魏晋史书甚多，总有数十种，凡魏晋史事有异载歧说者，多并见收录，故纪昀等谓其"杂引诸书""详其委曲""补其阙佚"（《四库全书总目》）。陈寿所写嵇康事迹，仅见于《三国志·王粲传》中附传，文字甚略，仅有二十七字，裴注文字则多达一千二百余字，约五十倍于陈志。裴注"杂引诸书"颇详，然而于嵇康、山涛二人关系，注中却仅引述孙盛之记述，而无一字引及有关"绝交"之说，可见当时尚无"绝交"之说流传，松之无从采择。即使当时已有"绝交"之类说法，因其不合史实，故斥而不取。

此后，亦续有采信孙盛"拒绝"之说者，《晋书·嵇康传》即其一：

山涛将去选官，举康自代，康乃与涛书告绝，曰："闻足下欲以吾自代，虽事不行，知足下故不知之也……"此书既行，知其不可羁屈也。

唐初房玄龄等奉旨撰写《晋书》，因时代暌隔，必然参考前代相关著作。他们面对前人关于嵇康文章的两种既成说法，即孙盛之"拒绝"说，刘勰、萧统之"绝交"说，在记叙此一事件时，实际上采用了孙盛之说，故而其文字与孙盛基本相同，篇中唯言"康乃与涛书告绝"，而全书未写及嵇、山二人"绝交"。所谓"告绝"者，观其上下文义，盖即"拒绝"山涛"举康自代"之事，非谓与山涛"绝交"也。所谓"此书既行，知其不可羁屈也"，亦言嵇康之"书""既出"，其"拒绝"出仕心志已经表述明白无误，故司马氏"知其不可羁屈也"。这里的叙述思路，明显沿着"拒绝"说展开，而与"绝交"说无干。

总之，嵇康与山涛并无绝交史实，《与山巨源绝交书》无绝交内容，"绝交书"并非绝交之书。文章篇名原当作《与山巨源书》，与当时一般书函体制格式无异。篇题中"绝交"之语，盖后人所拟加。至于"绝交书"及"绝交说"之出现时间，当在南朝刘宋之后，或在萧梁时期。始作俑者为谁？莫之能明，然萧统、刘勰二人，可能性不小。又因《文选》《文心雕龙》二书影响巨大，嗣后遂沿误其说，流传千数百年。

关于《与山巨源绝交书》性质及篇题问题，至此辩说完毕。以下附论嵇康另一篇绝交书，即《与吕长悌绝交书》。此书性质颇为昭然，观其文义，即知确实含有绝交意向：

> 何意足下包藏祸心邪？都之含忍足下，实由吾言。今都获罪，吾为负之。吾之负都，由足下之负吾也。怅然失图，复何言哉！若此，无心复与足下交矣。古之君子，绝交不出丑言。从此别矣！临别恨恨，嵇康白。

书中所写，义正词严，激烈愤慨，指斥对方"包藏祸心"，且直接说出"绝交"之语，"无心复与足下交矣"是全部《与山巨源绝交书》中所无，是真正的绝交书无疑。然而本文篇名中的"绝交书"字样，窃意仍是后人所拟，未必嵇康撰时即作此题。如上所述，汉魏时文士作书，一般仍沿袭当时文章体制惯例，作"与××书"者，此惯例至西晋末尚未完全改变。观今存书函作品较多者如陆机、陆云兄弟，皆如此。陆云书函最多，而题目皆作"与××书"，绝少例外。云与其兄陆机亲密友爱、情好无间，世所公认，其致兄书有数十通之多，书中各篇所叙，内容不一，世事文章，无所不包，而题皆作《与兄平原书》(《陆士龙集》卷八），可谓百篇一律。嵇康《与吕长悌绝交书》，篇题亦同为后人所拟者也，不过所拟之题，正合乎原著性质及文义耳，此与《与山巨源绝交书》异。比较两篇"绝交书"之同异，更可以证实《与山巨源绝交书》非绝交之书。

# 后　记

　　这是四十年前的往事了。当时文学研究所的两位学长乔象钟、吕薇芬与我合作编了一部《中国古典传记》，这是应上海文艺出版社之约编写的，责编是不久前文学所毕业的唐弢先生的研究生、与我们颇为相熟的金子信。他在审读书稿完毕后，特地跑了一趟北京，代表编辑部与我们谈论此事。在饭局上，他对书稿质量表示满意，并建议我们接着再编写其他书稿。他说选题可以任意，只要合适，他可以向该社领导推荐。我正好暂时无事，便对他说："我在阅读《三国志》时，发现竟然没有阮籍、嵇康的传记，只是在《王粲传》内写到阮瑀，就在阮瑀下面，又附带提到他儿子阮籍，接着再附带提到阮籍的朋友嵇康。因为是附带的附带，所以那文字必然极为简略，一共才五十多字。陈寿对这两位曹魏后期最优秀的文学家，竟如此忽略，是有具体原因的。

那就是他身在晋朝，本人却是从蜀国过来的，他要写三国历史，写到后期必然要牵扯到司马氏篡夺曹魏政权的许多事情，这是很敏感的问题，不小心很容易得罪司马氏朝廷。而阮籍、嵇康都不是司马氏的忠臣，尤其是嵇康，是被司马昭借故杀害的，所以陈寿不敢为他们正面立传，只好在《三国志》里附带提几句。直到四百年后的唐朝，房玄龄等奉旨写出《晋书》，人们才首次在'正史'里看到阮籍、嵇康的传记。嵇、阮两位都是三国时期人，没有在晋朝生活过一天，可是《三国志》不给他们立传，却由《晋书》来写，这岂不荒谬？很不对头！所以我想就这两位作家，梳理一下有关的史料，从文学角度给他们写一篇传记，怎样？"

金子信听我一说，当即回答说："好啊！你这个选题完全可以。你就写吧，书稿写成之后，我来看。"接着他又说："有个建议：你在充分表达你的意思的同时，最好不要写得太古奥，情愿平易一点儿，也不要写成考据文字。太古奥了，难以吸引现代普通读者。从出版社角度说，当然读者面愈广愈好。"我接受了他的建议，当场就与他达成初步意向。那是1982年的事。此后我用了不到一年时间，把十万字左右的书稿大体写完了。经过审订，不久就出版面世了。

就在去年，疫情刚过，蒙友人告知，后浪出版公司对我这本旧著感兴趣，愿意再版问世。我得知消息，兴奋之余，又有些犯难，因为我自知本书稿的撰写，虽然倾尽全力，把相关历史事实以及人物面貌基本得以呈现，但当时毕竟在"改开"之初，思想初步解放，而识见尚存局限，故而叙述不免粗疏，行文亦难称精当。尤其金先生所关注的"平易"与"古奥"之间的关系，分寸把握，相当困难。总之，四十年前的文稿，必须认真修订，弥补缺失，方可讨教，再呈学林。于是在八旬之岁，不避老迈，再贾余勇，补苴罅漏，正误纠谬，数月功夫，幸而完成。书稿后部，又加入"嵇康情结""阮籍关注"二章，意在条陈二位英杰生前事迹同时，昭示其身后影响。如此内容得到充实，体系略有完善。书末又附以《嵇康〈与山巨源绝交书〉非绝交之书论》一文，所论问题，早有人提出怀疑，但深入论证，殊非易事。文章依据历史材料，多方辨析，所得结论，有助于消除对一篇重要作品的误解，并正确理解嵇康的人格作风。

要之，书稿品质如何？希望稍有改进。刘勰尝谓："嵇康师心以遣论，阮籍使气以命诗。殊声而合响，异翮而同飞。"（《文心雕龙·才略》）指出阮、嵇二人，个性不同，风格互异，而文采突出，各具特长，在文学史上"合响""同飞",此说诚千古不刊之定论也。本书稿希望对读者认识和理解阮、嵇二位大家,多少有些助益。是为小可之心愿,即盼读者诸君,随时赐教指正。

在书稿修订过程中,编辑张宇帆、林立扬女士态度认真,文字章句,一丝不苟,略无疏忽,工作质量,允为上等。老朽感激之余,志之文末也。

徐公持谨记,时在二〇二四年八月暑期

图书在版编目（CIP）数据

阮籍与嵇康 / 徐公持著. -- 南京：江苏凤凰文艺出版社, 2024.11. -- ISBN 978-7-5594-8862-6

Ⅰ. B235.05

中国国家版本馆CIP数据核字第202412LT78号

# 阮籍与嵇康

徐公持　著

| 责任编辑 | 曹　波 |
| --- | --- |
| 特约编辑 | 张宇帆 |
| 封面设计 | 杨　慧 |
| 出版发行 | 江苏凤凰文艺出版社 |
|  | 南京市中央路165号，邮编：210009 |
| 网　　址 | http://www.jswenyi.com |
| 印　　刷 | 天津联城印刷有限公司 |
| 开　　本 | 889毫米×1194毫米　1/32 |
| 印　　张 | 9 |
| 字　　数 | 141千字 |
| 版　　次 | 2024年11月第1版 |
| 印　　次 | 2024年11月第1次印刷 |
| 书　　号 | ISBN 978-7-5594-8862-6 |
| 定　　价 | 72.00元 |

江苏凤凰文艺版图书凡印刷、装订错误，可向出版社调换，联系电话 025-83280257

后浪微信 | hinabook

筹划出版 | 银杏树下
出版统筹 | 吴兴元
编辑统筹 | 林立扬
责任编辑 | 曹　波　｜特约编辑｜张宇帆
装帧制造 | 墨白空间　｜mobai@hinabook.com
封面设计 | 杨　慧
后浪微博 | @后浪图书
读者服务 | reader@hinabook.com  188-1142-1266
投稿服务 | onebook@hinabook.com  133-6631-2326
直销服务 | buy@hinabook.com  133-6657-3072

后浪出版咨询(北京)有限责任公司
POST WAVE PUBLISHING CONSULTING (BEIJING) CO.,LTD